# RÉDUCTION DES POIDS

## MESURES ANCIENS ET NOUVEAUX,

### OUVRAGE INDISPENSABLE

## A TOUS VENDEURS ET ACHETEURS,

### CONTENANT :

La réduction des poids anciens en nouveaux, et réciproquement; des aunes en mètres, et des mètres en aune; des pieds, pouces, lignes et toises, en mètres; des anciens pieds, pouces toises carrées et cubes, en nouveaux mètres carrés et cubes; des arpens de 100 perches de 18, 20 et 22 pieds de côté, en hectares, ares, et centiares carrés, des lieues de poste de 2000 toises et de celles de 25 et 20 au dégré, en myriamètres et kilomètres; des pintes de Paris, en litres; du sétier de Paris pour les grains, sel, avoine, et charbon, en hectolitres; des voies de Paris, cordes de grand bois, et cordes de port, en stères; etc., etc., etc., etc., etc.

### AVEC LA MANIÈRE DE RÉDUIRE LE PRIX DE CHACUN DE CES ARTICLES.

## Par M. SISOS, ANCIEN CHEF DE BUREAU

à la direction des contributions directes.

# PARIS,

### CHEZ MARTIAL ARDANT FRÈRES, ÉDITEURS,

rue Hautefeuille, 14.

# LIMOGES,

### A LA MÊME LIBRAIRIE.

## 1840.

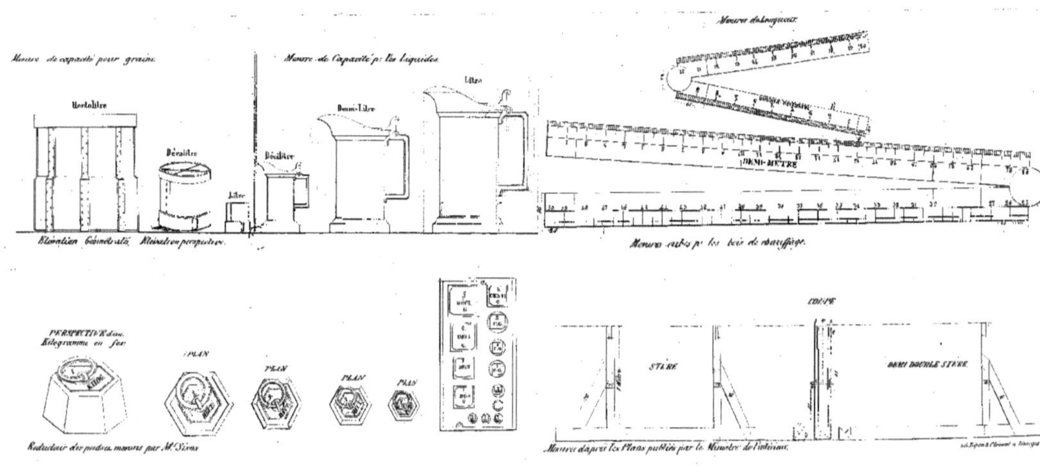
Mesure de capacité pour grains.
Mesure de Capacité p.r les liquides.
Mesure de longueur.
Hectolitre
Décalitre
Litre
Décilitre
Demi-Litre
Litre
DEMI-MÈTRE
Élévation Géométrie.
Élévation perspective.
Mesures cubes p.r les bois de chauffage.
PERSPECTIVE d'un Kilogramme en fer.
PLAN
PLAN
PLAN
PLAN
Réducteur des poids, mesures par M. Sixte.
STÈRE
DOUBLE
DEMI DOUBLE STÈRE
Mesures d'après les Plans publiés par le Ministre de l'Intérieur.

# LE RÉDUCTEUR
# DES POIDS ET MESURES

## *ANCIENS ET NOUVEAUX;*

### OUVRAGE INDISPENSABLE
### A TOUS VENDEURS ET ACHETEURS,

#### CONTENANT :

La réduction des poids anciens en nouveaux, et réciproquement; des aunes en mètres, et des mètres en aune; des pieds, pouces, lignes et toises, en mètres; des anciens pieds, pouces toises carrées et cubes, en nouveaux mètres carrés et cubes; des arpens de 100 perches de 18, 20 et 22 pieds de côté, en hectares, ares, et centiares carrés, des lieues de poste de 2000 toises et de celles de 25 et 20 au dégré, en myriamètres et kilomètres; des pintes de Paris, en litres; du sétier de Paris pour les grains, sel, avoine, et charbon, en hectolitres; des voies de Paris, cordes de grand bois, et cordes de port, en stéres; etc., etc., etc., etc., etc.

#### AVEC LA MANIÈRE DE RÉDUIRE LE PRIX DE CHACUN DE CES ARTICLES.

—

### Par M. SISOS, ANCIEN CHEF DE BUREAU
à la direction des contributions directes.

## PARIS,
### CHEZ MARTIAL ARDANT FRERES, EDITEURS,
rue Hautefeuille, 14.

## LIMOGES,
### A LA MÊME LIBRAIRIE.

## 1840.

# INTRODUCTION.

La Loi du 4 juillet 1837 prohibe impérieusement, sous des peines qu'elle détermine, non-seulement l'usage, mais même la dénomination des anciennes mesures, dans les actes publics et privés..

Son application devant soulever de nombreuses difficultés, nous avons pensé que nous pourrions les aplanir en offrant au public des tableaux qui présentent selon les besoins, la réduction des mesures anciennes les plus usitées en mesures nouvelles, et réciproquement les mesures nouvelles en mesures anciennes.

Un tel livre, d'un format portatif, et d'un prix raisonnable, nous a paru devoir être favorablement accueilli par la classe nombreuse des acheteurs et des vendeurs, par enfin tous ceux qui s'occupent de transactions commerciales.

Quelques exemples démontreront, d'une manière bien claire, l'usage de s'en servir.

## 1er EXEMPLE.

Soit 25 livres indigo à 28 fr. la livre. . . 700 à réduire en kilogrammes.

Vous trouvez à la page 32 n° 5, réduction des anciennes livres en kilogrammes, que 25 livres valent 12 kil. 238 grammes, c'est-à-dire 12 kil. 2 hect. 3 décag. et 8 grammes.

Mais le prix de la livre étant fixé à 28 fr.. à combien revient le kilogr. ?

Prenez la page 36 n° 6, de la réduction des kilogr. en livres, et considérant la 1re colonne comme représentant le prix de la livre, vous trouverez en regard du nombre 28 , le chiffre 57.20 qui sera le prix du kil.

$$\begin{array}{rr} \text{ainsi en multipliant} & 12238 \\ \text{par} & 5720 \\ \hline & 244760 \\ & 85666 \\ & 61190 \\ \hline \end{array}$$

vous aurez    700,01360 : et comme vous avez 3 décimales au multiplicande et 2 au multiplicateur , en séparant par une virgule 5 chiffres sur la droite du produit , il restera 700,01360 , ou 700,01 centimes , puisque les 2 premières représentent des centimes.

—————

### 2me EXEMPLE.

Cet exemple sera l'inverse du précédent. Soit 12 k. 238 gr. indigo à 57.20 le kil. à réduire en livres , vous trouvez à la page 35 no 5, que 12 kil. valent 24 liv. 8 onc. 1 gros 62 grains.

à la page 34 no 4, que
2 hect. valent. .    » 6 4 21
même page no 3 , que
3 décagr. valent.  .  »    »    7  61
en enfin même pag. no
2 , que 8 gram. val. »    »    2    7

et faisant l'addition. 25    »    »    7

vous trouverez 25 livres 7 grains ; la différence des 7 grains provient de ce que la réduction des petites quantités est toujours un peu forcée.

—————

### 3me EXEMPLE.

Soit 35 aunes de serge , à 7 fr., 245 fr. à réduire en mètres , vous trouverez à la page 41 no 2 , que 35 aunes donnent 41 m. 60 cen.

Pour connaître le prix du mètre , celui de l'aune étant à 7 fr., vous chercherez da page 42 no 2 , réduction des mètres en aunes ; et considérant la 1re colonne comme présentant le prix de l'aune, vous aurez en regard du 7. 5, 89 fr., et multipliant

$$
\begin{array}{r}
4160 \\
\text{par} \quad 589 \\
\hline
37440 \\
33280 \\
20800 \\
\end{array}
$$

vous aurez 245,0240 : et séparant 4 chiffres de droite pour les décimales du multiplicande et du multiplicateur, il restera 245.02 pour produit,

---

## 4me EXEMPLE.

41 mètres 60 centimes à réduire en aunes. A la page 42 n° 2o, 41 mètres donnent 34 aun. 50
même page n° 1, 60 centimètres. 50

total. 35 00

---

## RÈGLE GÉNÉRALE POUR LA CONVERSION DES PRIX.

Connaissant le prix de l'objet que l'on veut réduire, si l'on veut savoir ce qu'il doit coûter d'après la réduction, il faut toujours prendre le tableau de réduction opposé à l'objet que vous avez à réduire ; et considérant la 1re colonne comme le prix de l'objet que vous voulez réduire, vous trouverez en regard le prix cherché.

Ainsi connaissant le prix de la livre, si vous voulez celui du kil., vous aurez recours à la page 32 n° 5, et prendrez dans la 1re colonne le prix que vous voulez réduire, et la seconde colonne vous donnera le prix du kilogramme que vous cherchez.

Pour réduire le prix du kil. en celui des livres, ayez recours à la page 36 et opérez de même.

La manière d'opérer est la même pour toute autres mesures : et pour faciliter à nos lecteurs, la conversion des prix qu'ils auront à faire, voici un tableau qui leur indiquera les pages auxquelles ils devront avoir recours pour faire cette conversion.

CONVERSION DES PRIX.

| | De la mes. ancienne en celui de la nouvelle | De la nouvelle mes. en celui de l'ancienne. |
|---|---|---|
| Prix de la livre marc en kilog. | p. 32 nº 5 | p. 36 |
| De l'aune de Paris en mètre. | 42 nº 5 | 41 nº 2 |
| De la toise en mètre. | 48 | 46 |
| Du mètre carré en toise carrée. | 57 | 53 |
| De l'arpent d'ordonnance en hect. | 61 | 59 |
| De l'arpent de 100 perc., de 20 pieds. | 65 | 63 |
| De l'arp. de 100 perch. de 18 pieds. | 69 | 67 |
| De la pinte en litre. | 78 | 77 |
| Du sétier de Paris en hectolitre. | 87 | 83 |
| De la toise cube en mètre cube. | 97 | 93 |
| De la voie de bois de Paris en stère. | 100 | 98 et 99 |

On pourra, au moyen du rapport exact des mesures que nous avons donné à la page 27, réduire avec précision tous les prix dont on aurait besoin, en multipliant le prix connu par la réduction donnée pour la mesure opposée, ainsi dans le premier exemple ci-dessus, le prix indiqué de la livre étant de 28, pour réduire ce prix au kilog., on verra à la page 27, que le kilog. vaut en livres 2.0428765191.

N'ayant besoin de connaître le prix qu'à un dix millième, vous prenez seulement 4 des décimales, c'est-à-dire 2.0428, et vous multipliez par 28, vous aurez pour produit 57,1984, en retranchant les 4 décimales, ou 57.20, en forçant la 2ᵉ décimale.

Il en est de même pour toutes les autres réductions que l'on voudrait faire.

# LOI DU 4 JUILLET 1837.

## CONCERNANT LES

**Art. 1er.** Le décret du 12 février 1812, concernant les poids et mesures, est et demeure abrogé.

Art. 2. Néanmoins, l'usage des instrumens de pesage et de mesurage, confectionnés en exécution des articles 2 et 3 du décret précité, sera permis jusqu'au 1er janvier 1840.

Art. 3. A partir du 1er janvier 1840, tous poids et mesures autres que les poids et mesures établis par les lois des 18 germinal an III, et 19 frimaire an VIII, constitutives du système métrique décimal, seront interdits sous les peines portées par l'art. 479 du code pénal.

Art. 4. Ceux qui auront des poids et mesures autres que les poids et mesures ci-dessus reconnus dans leurs magasins, boutiques, ateliers ou maisons de commerce, ou dans les halles, foires ou marchés, seront punis, comme ceux qui les emploieront, conformément à l'art. 479 du code pénal.

Art. 5. A compter de la même époque, toutes dénominations de poids et mesures autres que celles portées dans le tableau annexé à la présente loi, et

établies par la loi du 18 germinal an III , sont interdites dans les actes publics ainsi que dans les affiches
et les annonces.

Elles sont également interdites dans les actes sous
seing-privé, les registres de commerce et autres écri-
tures privées produits en justice.

Les officiers publics contrevenans seront passibles
d'une amende de 20 fr. , qui sera recouvrée sur con-
trainte, comme en matière d'enregistrement.

L'amende sera de 10 fr. pour les autres contrevenans : elle sera perçue pour chaque acte ou écriture
sous signature privée; quant aux registres de commerce, ils ne donneront lieu qu'à une seule amende
pour chaque contestation dans laquelle ils seront
produits.

Art. 6. Il est défendu aux juges et arbitres de
rendre aucun jugement ou décision en faveur des
particuliers, sur des actes, registres ou écrits dans lesquels les dénominations interdites par l'article précédent auraient été insérées, avant que les amendes
encourues, aux termes dudit article, aient été payées.

Art. 7. Les vérificateurs des poids et mesures con-
stateront les contraventions prévues par les lois et
réglemens, concernant le système métrique des poids
et mesures.

Ils pourront procéder à la saisie des instrumens de
pesage et de mesurage, dont l'usage est interdit par
lesdites lois et réglemens.

Leurs procès-verbaux feront foi en justice jusqu'à
preuve contraire.

Les vérificateurs préteront serment devant le tri-
bunal d'arrondissement.

Art. 8. Une ordonnance royale réglera la manière
dont s'effectuera la vérification des poids et mesures.

## TABLEAU des mesures légales annexé à la loi du 4 juillet 1837.

| NOMS SYSTÉMATIQUES. | VALEUR. | OBSERVATIONS. |
|---|---|---|
| *Mesures de longueur.* | | |
| Myriamètre.... | Dix mille mètres. | |
| Kilomètre..... | Mille mètres. | |
| Hectomètre.... | Cent mètres. | |
| Décamètre.... | Dix mètres. | |
| MÈTRE...... | *Unité fondamentale des poids et mesures* (dix-millionième partie du quart du méridien terrestre). | L'étalon prototype en platine, déposé aux archives le 4 messidor, an VII, donne la longueur légale du mètre quand il est à la température zéro. |
| Décimètre..... | Dixième du mètre. | |
| Centimètre.... | Centième du mètre. | |
| Millimètre..... | Millième du mètre. | |
| *Mesures agraires.* | | |
| Hectare.. .... | Cent ares ou dix mille mètres carrés. | |
| ARE......... | Cent mètres carrés, carré de dix mètres de côté. | |
| Centiare...... | Centième de l'are, ou mètre carré. | |
| *Mesures de capacité pour les liquides et les matières sèches.* | | |
| Kilolitre...... | Mille litres. | |
| Hectolitre..... | Cent litres. | |
| Décalitre...... | Dix litres. | |
| LITRE........ | Décimètre cube. | |
| Décilitre...... | Dixième du litre. | |
| *Mesures de solidité.* | | |
| Décastère..... | Dix stères. | |
| STÈRE........ | Mètre cube. | |
| Décistère...... | Dixième de stère. | |

| NOMS SYSTÉMATIQUES. | VALEUR | OBSERVATIONS. |
|---|---|---|
| **Poids.** | | |
| . . . . . . . . . . | Mille kilogrammes, poids du mètre cube d'eau et du tonneau de mer. | |
| . . . . . . . . . . | Cent kilogrammes, quintal métrique. | |
| KILOGRAMME. . . | Mille grammes, poids dans le vide d'un décimètre cube d'eau distillée à la température de quatre degrés centigrades. | L'étalon prototype en platine, déposé aux archives le 4 messidor, an VII, donne, dans le vide, le poids légal du kilogramme. |
| Hectogramme. . . | Cent grammes. | |
| Décagramme. . . | Dix grammes. | |
| GRAMME. . . . . | Poids d'un centimètre cube d'eau à quatre degrés centigrades. | |
| Décigramme. . . | Dixième du gramme. | |
| Centigramme. . . | Centième du gramme. | |
| Milligramme. . . | Millième du gramme. | |
| **Monnaie.** | | |
| FRANC. . . . . . | Cinq grammes d'argent au titre de neuf dixièmes de fin. | |
| Décime. . . . . . | Dixième du franc. | |
| Centime. . . . . . | Centième du franc. | |

Conformément à la disposition de la loi du 18 germinal an III, concernant les poids et les mesures de capacité, chacune des mesures décimales de ces deux genres a son double et sa moitié.

# ORDONNANCE DU ROI

## DU 16 JUIN 1839.

Extrait du rapport du Ministre (*Moniteur* du 19 juin 1839).

« LE projet d'ordonnance royale, délibéré en conseil d'état, que j'ai l'honneur de présenter à Votre Majesté, est le complément des mesures d'exécution de la loi du 4 juillet 1837.

Les conditions de la fabrication des poids et mesures doivent être soigneusement posées, parce que, d'une part, suivant les témoignages de la science et de l'expérience, l'exactitude des instrumens en dépend; et que, d'autre part, les vérificateurs chargés d'apposer les poinçons de la garantie publique ont à recevoir des directions certaines qui, en excluant l'arbitraire, déterminent ce qu'ils doivent admettre à la vérification ou ce qu'ils doivent en repousser.

Aussi de telles conditions ont-elles toujours été imposées par l'autorité, suivant le droit qu'en a établi la loi du 18 germinal an III. Elle avait confié ce droit à une agence des poids et mesures qu'elle avait temporairement créée. Une autre loi du 24 pluviôse an IV, supprimant l'agence, en fit passer les attributions au Ministère. En possession de ce pouvoir, l'agence et mes prédécesseurs en ont usé; mais jamais ils n'y avaient employé que la voie des instructions et des circulaires. Aujourd'hui il a paru convenable qu'une telle autorité remontât à Votre Majesté, et s'exerçât par des réglemens d'administration publique.

Celui que j'ai l'honneur de proposer ne vient rien ordonner de nouveau. Les détails techniques qu'il consacrera sont puisés dans les instructions antérieures restées obligatoires et seulement révisées. Les formes qui y sont déterminées sont prescrites depuis l'an III. Elles ont toujours été suivies pour les mesures. Un arrêté consulaire du 7 floréal an VIII avait dispensé les poids de l'uniformité; mais on a fait peu d'usage de cette liberté. Elle avait été l'occasion de quelques fraudes. Des poids vides trompaient la vue de l'acheteur par l'apparence de leur volume. Les préfets de police à différentes époques, le désir des fabricants et le vœu des commissions qu'on a consultées, ont porté à revenir, pour les poids comme pour les mesures, aux modèles de l'an III, presque universellement employés.

Mais le commerce n'aura point à sacrifier immédiatement à cette uniformité les instrumens qu'il a entre les mains, si, sans être conformes aux modèles, ils correspondent aux divisions décimales légalement admises, et ne portent aucun caractère qui les rende incompatibles avec les dispositions de la loi du 4 juillet. Ces instrumens continueront à être admis à la vérification périodique quand ils conserveront l'exactitude requise. Ils pourront même être rajustés, toutefois sans pouvoir être remontés à neuf; mais, à partir du 1er janvier 1840, les nouveaux instrumens qui seront fabriqués ne pourront être admis et poinçonnés s'ils ne sont confectionnés sur les modèles déterminés. Ainsi seront conciliés les ménagemens dus à l'existence d'un matériel considérable et le soin de tendre à une régulière uniformité. »

# ORDONNANCE.

Art. 1er. A dater du 1er janvier 1840, les poids, mesures et instrumens de pesage et de mesurage ne seront reçus à la vérification première qu'autant qu'ils réuniront les conditions d'admission indiquées dans les tableaux annexés à la présente ordonnance.

Art. 2. Les poids, mesures et instrumens de pesage portant la marque de vérification première, et qui réuniront d'ailleurs les conditions exigées jusqu'ici, seront admis à la vérification périodique, SAVOIR :

Les mesures décimales de longueur, aprés qu'on aura fait disparaître les divisions et les noms relatifs aux anciennes dénominations;

Les mesures décimales pour les matières sèches, quelle que soit l'espèce de bois dont elles seront construites;

Les mesures décimales en étain, quel que soit leur poids;

Les poids décimaux en fer et en cuivre, quelle que soit leur forme, après qu'on aura fait disparaître l'indication relative aux anciennes dénominations, et pourvu qu'ils portent sur la surface supérieure les noms qui leur sont propres;

Les poids décimaux en fer et en cuivre, portant uniquement leurs noms exprimés en myriagrammes, kilogrammes, hectogrammes ou décagrammes;

Les poids décimaux à l'usage des balances-bascules, pourvu qu'ils ne portent pas d'autre indication que celle de leur valeur réelle;

Enfin les romaines, dont on aura fait disparaître les anciennes divisions et dénominations, pourvu qu'elles soient graduées en divisions décimales et reconnues oscillantes;

Les poids et mesures décimaux placés dans une des catégories qui précèdent ne pourront être conservés par les assujettis qu'autant qu'ils auront subi, avant l'époque de la vérification périodique de l'année 1840, les modifications exigées. Ces poids et mesures pourront être rajustés, mais ils ne devront pas être remontés à neuf.

Art. 3. Tous les poids et mesures autres que ceux qui sont provisoirement permis par l'art. 2 de la présente ordonnance seront mis hors de service à partir du 1er janvier 1840.

Art. 4. Il sera déposé dans tous les bureaux de vérification, des modèles ou des dessins des poids et mesures légalement autorisés, pour être communiqués à tous ceux qui voudront en prendre connaissance.

# MODÈLES.

## N° 1.

### MESURES DE LONGUEUR.

<table>
<tr><td rowspan="8">Noms des Mesures.</td><td>Double décamètre,</td></tr>
<tr><td>décamètre,</td></tr>
<tr><td>Demi-décamètre.</td></tr>
<tr><td>Double-mètre,</td></tr>
<tr><td>mètre,</td></tr>
<tr><td>Demi-mètre,</td></tr>
<tr><td>Double décimètre,</td></tr>
<tr><td>décimètre.</td></tr>
</table>

Ces mesures devront être construites en métal, en bois ou autre matière solide.

Elles pourront être établies dans la forme qui conviendra le mieux aux usages auxquels elles sont destinées.

Indépendamment des mesures d'une seule pièce, il est permis de faire des mesures brisées, pourvu que le nombre de leur partie soit deux, cinq ou dix.

Les mesures devront être construites avec solidité.

Des garnitures en métal devront être adaptées aux extrémités des mesures en bois, du mètre, de son double et de sa moitié.

Les divisions en centimètres ou millimètres devront être exactes, déliées, et d'équerre avec la longueur de la mesure.

Le nom propre à chaque mesure sera gravé sur la

face supérieure de la mesure, qui devra porter aussi le nom ou la marque du fabricant.

Le décamètre, son double et sa moitié, construits en forme de chaîne, devront avoir des chaînons d'une force suffisante et de la longueur de deux ou de cinq décimètres; les anneaux à chaque mètre seront exécutés avec un métal d'une couleur différente de celui employé pour les autres anneaux.

## N° 2.

## MESURES DE CAPACITÉ POUR LES MATIÈRES SÈCHES.

Hectolitre,
Demi-hectolitre,
Double-décalitre,
décalitre,
Demi-décalitre.
Double litre,
litre,
Demi-litre,
Double décilitre,
décilitre,
Demi-décilitre.

Les mesures de capacité pour les matières sèches devront être construites dans la forme cylindrique, et auront intérieurement le diamètre égal à la hauteur.

Les mesures en bois ne pourront être faites qu'en bois de chêne; elles devront être établies avec solidité dans toutes leurs parties.

Pour les mesures qui seront garnies intérieurement de potences ou autres corps saillans, la hauteur sera augmentée proportionnellement au volume de ces objets.

Les mesures en bois devront être formées d'une éclisse ou feuille courbée sur elle même et fixée par des clous.

Toutes les mesures en bois devront être garnies, à la partie supérieure, d'une bordure en tôle rabattue.

Les mesures, depuis et compris le double décalitre jusqu'à l'hectolitre, devront, en outre, être ferrées; on pourra, suivant l'usage auquel elles sont destinées, y adapter des pieds fixés avec boulons et écrous.

Les mesures en bois de plus petite dimension pourront être garnies de bandes latérales en tôle.

On pourra fabriquer des mesures pour les matières sèches, en cuivre ou en tôle, pourvu qu'elles soient établies avec solidité, et dans la forme ci-dessus prescrite.

Chaque mesure doit porter le nom qui lui est propre : le nom ou la marque du fabricant sera appliqué sur le fond de la mesure.

## N° 3.

### MESURES DE CAPACITÉ POUR LES LIQUIDES.

Les noms et la forme affectés aux mesures de capacité pour les matières sèches, dans le tableau n° 2, serviront de règle pour la construction des mêmes mesures employées pour les liquides, depuis l'hectolitre jusqu'au demi-décalitre inclusivement. Elles pourront être établies en cuivre, tôle ou fonte, mais sous la réserve expresse de prévenir par l'étamage, ou autre procédé analogue, toute altération ou oxidation de nature à présenter des dangers dans l'usage de ces sortes de mesures.

Les mesures du double litre et au-dessous devront être construites exclusivement en étain, et auront intérieurement la hauteur double du diamètre; elles auront le poids déterminé ci-après comme minimum obligatoire pour chacune des espèces de mesures.

| NOMS DES MESURES. | POIDS DES MESURES EN GRAMMES. | | |
|---|---|---|---|
| | Sans anses ni couvercles. | Avec anses sans couvercles. | Avec anses et couvercles. |
| | gr. | gr. | gr. |
| Double litre. | 1,350 | 1,700 | 2,200 |
| Litre. | 900 | 1,100 | 1,350 |
| Demi-litre. | 525 | 650 | 820 |
| Double décilitre. | 280 | 335 | 420 |
| Décilitre. | 145 | 180 | 240 |
| Demi-décilitre. | 85 | 110 | 140 |
| Double centilitre. | 45 | 60 | 85 |
| Centilitre. | 25 | 35 | 50 |

Le titre de l'étain employé pour la fabrication des mesures reste fixé à 83 centièmes 5 millièmes, avec une tolérance de 1 centième 5 millièmes; ainsi le métal dont les mesures seront fabriquées ne doit pas contenir moins de 82 centièmes d'étain pur, et plus de 18 centièmes d'alliage.

Ces mesures devront conserver intérieurement et sur le bord supérieur la venue du moule; elles devront être sans soufflures ni autres imperfections.

Le nom propre à chaque mesure devra être inscrit sur le corps de la mesure. Le nom ou la marque du fabricant devra être apposé sur le fond.

On pourra construire des mesures en fer-blanc depuis le double litre jusqu'au décilitre; mais ces sortes de mesures, exclusivement réservées pour le lait, devront être établies dans la forme cylindrique, ayant le diamètre égal à la hauteur, conformément à ce qui est prescrit dans le tableau n° 2, pour les mesures destinées aux matières sèches; elles seront garnies d'une anse ou d'un crochet également en fer-blanc, et porteront le nom qui leur est propre sur le cercle supérieur rabattu et servant de bordure. On aura soin de placer, pour recevoir les marques de vérification, deux gouttes d'étain aplaties, l'une au bord supérieur, l'autre à la jonction du fond de chaque mesure, qui devra porter aussi le nom ou la marque du fabricant.

## N° 4.

## POIDS EN FER.

Les poids devront être construits en fonte de fer; leurs noms sont indiqués ci-après, ainsi que la dénomination abréviative qui devra être inscrite sur chacun d'eux, en caractères lisibles.

| NOMS DES POIDS. | ABRÉVIATIONS qui devront être indiquées sur la surface supérieure. |
|---|---|
| 50 kilogrammes. . . . . . | 50 kilog. |
| 20 kilogrammes. . . . , . . | 20 kilog. |
| 10 kilogrammes. . . . . . | 10 kilog. |
| 5 kilogrammes. . . . . . | 5 kilog. |
| Double kilogramme. . . . | 2 kilog. |
| Kilogramme. . . . . . . | 1 kilog. |
| Demi-kilogramme. . . . | 1ŗ2 kilog. 5 hectog. |
| Double hectogramme. . . | 2 hectog. |
| Hectogramme. . . . . . | 1 hectog. |
| Demi-hectogramme. . . . | 1ŗ2 hectog |

Les poids en fer de 50 et de 20 kilogrammes devront être établis en forme de pyramide tronquée, arrondie sur les angles, et ayant pour base un parallélogramme.

Les autres poids en fer, depuis celui de 10 kilogrammes jusqu'au demi-hectogramme inclusivement, devront être établis en forme de pyramide tronquée, ayant pour base un hexagone régulier.

Les anneaux dont les poids sont garnis devront être placés de manière à ne pas dépasser l'arête des poids.

Chaque anneau devra être en fer forgé, rond, et soudé à chaud.

Chaque anneau attaché par un lacet, devra entrer sans difficulté dans la rainure pratiquée sur le poids pour le recevoir.

Chaque lacet devra être en fer forgé et construit solidement, tant au sommet qui embrasse l'anneau qu'aux extrémités de ses branches, lesquelles doivent être rabattues et encoulées par-dessous pour retenir le plomb nécessaire à l'ajustage.

Les poids en fer ne doivent présenter à leur surface ni bavures, ni soufflures, et la fonte ne doit être ni aigre, ni cassante.

Chaque poids doit être garni aux extrémités du lacet d'une quantité suffisante de plomb coulé d'un seul jet, destiné à recevoir les empreintes des poinçons de vérification première et périodique, ainsi que la marque du fabricant qui doit y être apposée.

## N° 5.

### POIDS EN CUIVRE.

Les poids en cuivre sont indiqués ci-après, ainsi que la dénomination qui devra être inscrite sur chacun d'eux.

| NOMS DES POIDS, | DENOMINATIONS qui doivent être appliquées sur la surface supérieure. |
| --- | --- |
| 20 kilogrammes...... | 20 kilogrammes. |
| 10 kilogrammes...... | 10 kilogrammes. |
| 5 kilogrammes...... | 5 kilogrammes |
| Double kilogramme.... | 2 kilogrammes |
| Kilogramme. ....... | 1 kilogramme. |
| Demi-kilogramme..... | 500 grammes. |
| Double hectogramme... | 200 grammes |
| Hectogramme. ....... | 100 grammes. |
| Demi-hectogramme. ... | 50 grammes. |
| Double décagramme.... | 20 grammes. |
| Décagramme. ....... | 10 grammes. |
| Demi-décagramme...., | 5 grammes. |
| Double gramme...... | 2 grammes. |
| Gramme........... | 1 gramme. |
| Demi-gramme....... | 5 décig. |
| Double décigramme.... | 2 décig. |
| Décigramme. ....... | 1 décig. |
| Demi-décigramme..... | 5 centig. |
| Double centigramme... | 2 c. g. |
| Centigramme........ | 1 c. g. |
| Demi-centigramme. ... | 5 m. g. |
| Double milligramme... | 2 m. |
| Milligramme. ....... | 1 m. |

La forme des poids en cuivre, depuis et compris celui de 20 kilogrammes jusqu'au gramme, sera celle d'un cylindre surmonté d'un bouton; la hauteur du cylindre sera égale à son diamètre pour tous les poids, jusqu'à celui de 5 grammes inclusivement; la hauteur de chaque bouton sera égale à la moitié du diamètre du cylindre qui le supporte. Ces dispositions ne seront pas applicables aux poids d'un et deux grammes qui auront le diamètre plus fort que la hauteur.

Les poids, depuis et compris le 5 décigramme jusqu'au milligramme, se feront avec des lames de laiton mince coupées carrément.

Les poids en cuivre cylindriques et à bouton pourront être massifs, ou contenir dans leur intérieur une certaine quantité de plomb; mais ils devront toujours présenter le même volume. Ces poids peuvent être faits d'un seul jet ou formés de deux pièces seulement, savoir : le cylindre et le bouton; mais, dans ce dernier cas, le bouton devra être monté à vis sur le corps du poids, et fixé invariablement par une cheville ou petite vis, à fleur de la surface. Cette cheville sera en cuivre rouge, afin de la distinguer facilement.

On pourra aussi construire des poids en cuivre d'un kilogramme ou d'un de ses sous-multiples dans la forme de godets coniques qui s'empilent les uns dans les autres, et se trouvent ainsi renfermés dans une boîte, qui est elle-même un poids légal.

La surface des poids en cuivre devra être nette et ne laisser apercevoir aucun corps étranger qu'on aurait chassé dans le cuivre, ni aucune soufflure qui permettrait d'en introduire.

Les dénominations seront inscrites en creux et en caractères lisibles sur la surface supérieure des poids. Chaque poids devra porter le nom ou la marque du fabricant.

## N° 6.

### INSTRUMENS DE PESAGE.

Les instrumens de pesage sont :

1° Les balances à bras égaux ;
2° Les balances-bascules ;
3° Les romaines.

Les balances à bras égaux, désignées sous le nom de balances de magasin ou de comptoir, devront être solidement établies. Les fléaux devront être plus larges qu'épais, principalement au centre occupé par les couteaux ou pivots qui les traversent perpendiculairement, et dont les arêtes devront former une ligne droite. Les poids extrêmes de suspension devront être placés à égale distance de ces couteaux. Les fléaux ne devront pas vaciller dans les chappes. Les balances devront être oscillantes. Leur sensibilité demeure fixée à un deux millième du poids d'une portée.

Les balances-bascules devront être oscillantes, et établies de manière à donner, quel que soit le poids dont on charge le tablier, un rapport de 1 à 10. Ces instrumens, dont la portée ne peut être moindre que 100 kilogrammes, devront être solidement construits. Il ne pourra être employé à leur usage que des poids fabriqués suivant les formes et dénominations prescrites dans le tableau n° 4.

L'indication de la force de chaque balance-bascule sera exprimée en kilogrammes sur une plaque de cuivre incrustée dans le montant en bois. La sensibilité pour ces sortes d'instrumens demeure fixée à un millième du poids d'une portée.

Les romaines devront être solidement construites. Les couteaux auxquels elles sont suspendues devront avoir une arête assez fine pour faciliter les mouvemens du fléau ; les leviers devront être assez forts pour ne pas fléchir sous le poids curseur qui les accompagne. L'aiguille dont chaque levier est traversé par le haut ne devra pas frotter dans la chàsse.

Les romaines devront être oscillantes. Toute autre espèce est prohibée.

La sensibilité pour ces instrumens demeure fixée à 1/500e du poids d'une portée.

Les romaines porteront seulement les divisions décimales représentant les poids légaux. Toute autre division est interdite. Leur portée sera exprimée en kilogrammes sur chacune des faces divisées.

Tout instrument de pesage devra porter le nom ou la marque du fabricant.

## N° 7.

## INSTRUMENS DE MESURAGE POUR LE BOIS DE CHAUFFAGE.

Les membrures qui représentent des mesures de solidité du demi-décastère, du double stère, du stère, et destinées à mesurer le bois de chauffage, seront construites en bon bois; les pièces qui les composent devront être bien dressées et assemblées solidement.

Chaque membrure sera formée d'une sole, de deux montans et de deux contrefiches; elle doit avoir de plus deux sous-traits.

La longueur de la sole, entre les montans, est fixée ainsi qu'il suit, savoir:

| | |
|---|---|
| Demi-décastère, | 3 mètres. |
| Double stère, | 2 mètres. |
| Stère, | 1 mètre. |

Pour les bois coupés à un mètre de longueur, la hauteur des montans sera :

| | |
|---|---|
| Demi-décastère, | 1 mètre 667 millimètres. |
| Double stère et stère, | 1 mètre. |

Cette hauteur variera suivant la longueur des bois, de manière à toujours reproduire un solide de 1, 2 ou 5 mètres cubes.

On pourra construire aussi des membrures en fer du double stère et du stère, pourvu qu'elles réunissent les conditions de justesse et de solidité nécessaires, et qu'elles soient garnies de rondelles adhérentes en étain ou en plomb, pour faciliter l'application des marques de vérification.

# RAPPORT DU MÈTRE ET DU KILOGRAMME, AVEC L'ANCIENNE TOISE, ET LA LIVRE POIDS DE MARC.

— —

| Mètre vaut en | | |
|---|---|---|
| | lignes, (loi du 19 fr. an VIII.) | 443.296 |
| | pouces, . . . . . . . . . . | 36.941333333 |
| | pieds, . . . . . . . . . . | 3.078444444 |
| | toises, . . . . . . . . . . | 0.513074074074 |

Ligne *vaut* en millimètres, . . . 2.255829
Pouce, — en centimètres, . . . 2.706995
Pied , — en décimètres, . . . 3.248393849
Toise , — en mètres, . . . . . . 1.9490363095

| Mètre carré vaut | | |
|---|---|---|
| | en lignes carrées, . . . | 196511.343616 |
| | en pouces carrés, . . . . | 1364.66210844 |
| | en pieds carrés, . . . . . | 9.47682019753 |
| | en toises carrées, . . . . | 0.263245005487 |

Lig. carr. *vaut* en mill. carrés, . 5.08876
Pouc. carr. — en cent. carrés, . 7.3278213
Pied carr. — en décim. carrés, 10.552062603
Toise carr. — en mètres carrés, 3.798742537

| Mètre cube vaut | | |
|---|---|---|
| | en lignes cubes, . . .87112692.5796 |
| | en pouces cubes, . . . . .50412.43783536 |
| | en pieds cubes, . . . . . 29.17386448805 |
| | en toises cubes, . . . . . 0.135064187445 |

Lign. cube *vaut* en mill. cubes, 11.479383437
Pouc. cube, — en centim. cub., 19.83637457
Pied cube, — en décim. cubes, 34.27725526
Toise cube, — en mètres cubes, 7.403887136

| Kilogram. vaut en | | |
|---|---|---|
| | grains, . . . . . . . . . .18827.15 |
| | gros, . . . . . . . . . . . 261.4881944 |
| | onces, . . . . . . . . . . . 32.6860243 |
| | livres, . . . . . . . . . . . 2.0428765191 |

Grain, *p. d. m. vaut* en grammes, 0 053114784
Gros, — en décagrammes, . . . 0.3824264427
Once, — en hectogrammes, . . 0.305944154
Livre, — en kilogrammes, . . . 0.4895058466

# RÉDUCTION DES FRACTIONS ORDINAIRES EN DECIMALES.

| | | | | | |
|---|---|---|---|---|---|
| 1/2 | 0.5 | 1/36 | 0.0278 | 1/70 | 0.0143 |
| 1/3 | 0.3333 | 1/37 | 0.027 | 1/71 | 0.0141 |
| 1/4 | 0.25 | 1/38 | 0.0263 | 1/72 | 0.0139 |
| 1/5 | 0.2 | 1/39 | 0.0256 | 1/73 | 0.0137 |
| 1/6 | 0.1667 | 1/40 | 0.025 | 1/74 | 0.0135 |
| 1/7 | 0.1429 | 1/41 | 0.0244 | 1/75 | 0.0133 |
| 1/8 | 0.125 | 1/42 | 0.0238 | 1/76 | 0.0132 |
| 1/9 | 0.1111 | 1/43 | 0.0233 | 1/77 | 0.013 |
| 1/10 | 0.1 | 1/44 | 0.0227 | 1/78 | 0.0128 |
| 1/11 | 0.0909 | 1/45 | 0.0222 | 1/79 | 0.0127 |
| 1/12 | 0.0833 | 1/46 | 0.0217 | 1/80 | 0.0125 |
| 1/13 | 0.0769 | 1/47 | 0.0213 | 1/81 | 0.0123 |
| 1/14 | 0.0714 | 1/48 | 0.0208 | 1/82 | 0.0122 |
| 1/15 | 0.0667 | 1/49 | 0.0204 | 1/83 | 0.012 |
| 1/16 | 0.0625 | 1/50 | 0.02 | 1/84 | 0.0119 |
| 1/17 | 0.0588 | 1/51 | 0.0196 | 1/85 | 0.0118 |
| 1/18 | 0.0556 | 1/52 | 0.0192 | 1/86 | 0.0116 |
| 1/19 | 0.0526 | 1/53 | 0.0189 | 1/87 | 0.0115 |
| 1/20 | 0.05 | 1/54 | 0.0185 | 1/88 | 0.0114 |
| 1/21 | 0.0476 | 1/55 | 0.0182 | 1/89 | 0.0112 |
| 1/22 | 0.0455 | 1/56 | 0.0179 | 1/90 | 0.0111 |
| 1/23 | 0.0435 | 1/57 | 0.0175 | 1/91 | 0.011 |
| 1/24 | 0.0417 | 1/58 | 0.0172 | 1/92 | 0.0109 |
| 1/25 | 0.04 | 1/59 | 0.0169 | 1/93 | 0.0108 |
| 1/26 | 0.0385 | 1/60 | 0.0167 | 1/94 | 0.0106 |
| 1/27 | 0.037 | 1/61 | 0.0164 | 1/95 | 0.0105 |
| 1/28 | 0.0357 | 1/62 | 0.0161 | 1/96 | 0.0104 |
| 1/29 | 0.0345 | 1/63 | 0.0159 | 1/97 | 0.0103 |
| 1/30 | 0.0333 | 1/64 | 0.0156 | 1/98 | 0.0102 |
| 1/31 | 0.0323 | 1/65 | 0.0154 | 1/99 | 0.0101 |
| 1/32 | 0.0312 | 1/66 | 0.0152 | 1/100 | 0.01 |
| 1/33 | 0.0303 | 1/67 | 0.0149 | 1/400 | 0.025 |
| 1/34 | 0.0294 | 1/68 | 0.0147 | 1/1000 | 0.001 |
| 1/35 | 0.0285 | 1/69 | 0.0145 | | |

# RÉDUCTION DES DÉCIMALES EN FRACTIONS ORDINAIRES.

| | | | | | |
|---|---|---|---|---|---|
| 0.01 | 1/100 | 0.34 | 17/50 | 0.67 | 2/3 |
| 0.02 | 1/50 | 0.35 | 7/20 | 0.68 | 17/25 |
| 0.03 | 1/33 | 0.36 | 9/25 | 0.69 | 9/13 |
| 0.04 | 1/25 | 0.37 | 3/8 | 0.70 | 7/10 |
| 0.05 | 1/20 | 0.38 | 19/50 | 0.71 | 5/7 |
| 0.06 | 3/50 | 0.39 | 5/13 | 0.72 | 18/25 |
| 0.07 | 1/14 | 0.40 | 2/5 | 0.73 | 8/11 |
| 0.08 | 2/25 | 0.41 | 5/12 | 0.74 | 37/50 |
| 0.09 | 1/11 | 0.42 | 21/50 | 0.75 | 3/4 |
| 0.10 | 1/10 | 0.43 | 3/7 | 0.76 | 19/25 |
| 0.11 | 1/9 | 0.44 | 11/25 | 0.77 | 7/9 |
| 0.12 | 3/25 | 0.45 | 9/20 | 0.78 | 39/50 |
| 0.13 | 1/8 | 0.46 | 23/50 | 0.79 | 11/14 |
| 0.14 | 7/50 | 0.47 | 6/13 | 0.80 | 4/5 |
| 0.15 | 3/20 | 0.48 | 12/25 | 0.81 | 9/11 |
| 0.16 | 4/25 | 0.49 | 49/100 | 0.82 | 41/50 |
| 0.17 | 1/6 | 0.50 | 1/2 | 0.83 | 5/6 |
| 0.18 | 9/50 | 0.51 | 51/100 | 0.84 | 21/25 |
| 0.19 | 2/11 | 0.52 | 13/25 | 0.85 | 17/20 |
| 0.20 | 1/5 | 0.53 | 7/13 | 0.86 | 43/50 |
| 0.21 | 3/14 | 0.54 | 27/50 | 0.87 | 7/8 |
| 0.22 | 11/50 | 0.55 | 11/20 | 0.88 | 22/25 |
| 0.23 | 2/9 | 0.56 | 14/25 | 0.89 | 8/9 |
| 0.24 | 6/25 | 0.57 | 4/7 | 0.90 | 9/10 |
| 0.25 | 1/4 | 0.58 | 29/50 | 0.91 | 10/11 |
| 0.26 | 13/50 | 0.59 | 7/12 | 0.92 | 23/25 |
| 0.27 | 3/11 | 0.60 | 3/5 | 0.93 | 13/14 |
| 0.28 | 7/25 | 0.61 | 8/13 | 0.94 | 47/50 |
| 0.29 | 2/7 | 0.62 | 31/50 | 0.95 | 19/20 |
| 0.30 | 3/10 | 0.63 | 5/8 | 0.96 | 24/25 |
| 0.31 | 10/32 | 0.64 | 16/25 | 0.97 | 32/33 |
| 0.32 | 8/25 | 0.65 | 13/20 | 0.98 | 48/50 |
| 0.33 | 1/3 | 0.66 | 33/50 | 0.99 | 99/100 |

# POIDS DE MARC.

## RÉDUCTION DES POIDS DE MARC EN POIDS DÉCIMAUX.

### 1° *Huitième de l'ancien grain en centigrammes.*

| 8. de grains. | centig. | 8. de grains. | centig. | 8. de grains. | centig. |
|---|---|---|---|---|---|
| 1 | 0.664 | 4 | 2.656 | 7 | 4.648 |
| 2 | 1.328 | 5 | 3.320 | | |
| 3 | 1.992 | 6 | 3.984 | | |

### 2° *Anciens grains en décigrammes.*

Il faut 72 grains pour un gros.

| grains. | décigram. | grains. | décigram. | grains. | décigram. |
|---|---|---|---|---|---|
| 1 | 0.53 | 8 | 4.25 | 15 | 7.97 |
| 2 | 1.06 | 9 | 4.78 | 16 | 8.50 |
| 3 | 1.59 | 10 | 5.31 | 17 | 9.03 |
| 4 | 2.12 | 11 | 5.85 | 18 | 9.56 |
| 5 | 2.66 | 12 | 6.37 | 24 | 12.72 |
| 6 | 3.19 | 13 | 6.90 | 36 | 19.12 |
| 7 | 3.72 | 14 | 7.43 | 72 | 38.24 |

### 3° *Anciens gros en grammes.*

Il faut 8 gros pour une once.

| gros. | grammes. | gros. | grammes. | gros. | grammes. |
|---|---|---|---|---|---|
| 1 | 3.824 | 4 | 15.297 | 7 | 26.770 |
| 2 | 7.649 | 5 | 19.121 | 8 | 30.594 |
| 3 | 11.473 | 6 | 22.946 | | |

## 4o *Anciennes onces en décagrammes.*

Il faut 16 onces pour une livre.

| onces. | décagram. | onces. | décagram. | onces. | décagram. |
|---|---|---|---|---|---|
| 1 | 3.0594 | 6 | 18.3565 | 11 | 33.6535 |
| 2 | 6.1188 | 8 | 21.4159 | 12 | 36.7129 |
| 3 | 9.1782 | 8 | 24.4753 | 13 | 39.7724 |
| 4 | 12.2376 | 9 | 27.5347 | 14 | 42.8318 |
| 5 | 15.2971 | 10 | 30.5941 | 15 | 45.8941 |

## 5o *Anciennes livres en kilogrammes.*

| livres. | kilogram. | livres. | kilogram. | livres. | kilogram. |
|---|---|---|---|---|---|
| 1 | 0.490 | 25 | 12.238 | 49 | 23.986 |
| 2 | 0.979 | 26 | 12.727 | 50 | 24.475 |
| 3 | 1.469 | 27 | 13.217 | 51 | 24.965 |
| 4 | 1.958 | 28 | 13.706 | 52 | 25.454 |
| 5 | 2.448 | 29 | 14.196 | 53 | 25.944 |
| 6 | 2.937 | 30 | 14.685 | 54 | 26.433 |
| 7 | 3.427 | 31 | 15.175 | 55 | 26.923 |
| 8 | 3.916 | 32 | 15.664 | 56 | 27.412 |
| 9 | 4.406 | 33 | 16.154 | 57 | 27.902 |
| 10 | 4.895 | 34 | 16.643 | 58 | 28.391 |
| 11 | 5.385 | 35 | 17.133 | 59 | 28.880 |
| 12 | 5.874 | 36 | 17.622 | 60 | 29.370 |
| 13 | 6.364 | 37 | 18.112 | 61 | 29.460 |
| 14 | 6.853 | 38 | 18.601 | 62 | 30.349 |
| 15 | 7.343 | 39 | 19.091 | 63 | 30.839 |
| 16 | 7.832 | 40 | 19.580 | 64 | 31.328 |
| 17 | 8.322 | 41 | 20.070 | 65 | 31.818 |
| 18 | 8.811 | 42 | 20.559 | 66 | 32.307 |
| 19 | 9.301 | 43 | 21.049 | 67 | 32.797 |
| 20 | 9.790 | 44 | 21.538 | 68 | 33.286 |
| 21 | 10.280 | 45 | 22.028 | 69 | 33.776 |
| 22 | 10.769 | 46 | 22.517 | 70 | 34.265 |
| 23 | 11.250 | 47 | 23.007 | 71 | 34.755 |
| 24 | 11.748 | 48 | 23.496 | 72 | 35.244 |

| | | | | | |
|---|---|---|---|---|---|
| 73 | 35.734 | 83 | 40.629 | 93 | 45.524 |
| 74 | 36.223 | 84 | 41.118 | 94 | 46.013 |
| 75 | 36.713 | 85 | 41.608 | 95 | 46.503 |
| 76 | 37.202 | 86 | 42.098 | 96 | 46.993 |
| 77 | 37.692 | 87 | 42.587 | 97 | 47.482 |
| 78 | 38.181 | 88 | 43.076 | 98 | 47.972 |
| 79 | 38.671 | 89 | 43.566 | 99 | 48.461 |
| 80 | 39.160 | 90 | 44.056 | 100 | 48.951 |
| 81 | 39.650 | 91 | 44.545 | | |
| 82 | 40.139 | 92 | 45.035 | | |

# VALEUR DES POIDS DÉCIMAUX EN LIVRES, ONCES, GROS, GRAINS, ET CENTIÈMES DE GRAINS.

| Poids décimaux. | grammes. | liv. | onc. | gros. | grains. |
|---|---|---|---|---|---|
| GRAMME. . . . . . . | 1 | » | » | » | 18.83 |
| Double gramme. . | 2 | » | » | » | 37.65 |
| Demi-décagram. . | 5 | » | » | 1 | 22.14 |
| DÉCAGRAMME. . . . . | 10 | » | » | 2 | 44.27 |
| Double décagram. | 20 | » | » | 5 | 16.54 |
| Demi-hectogram. . | 50 | » | 1 | 5 | 5.36 |
| HECTOGRAMME. . . . | 100 | » | 3 | 2 | 10.71 |
| Double hectogram. | 200 | » | 6 | 4 | 21.43 |
| Demi-kilogramme. | 500 | 1 | » | 2 | 53.57 |
| KILOGRAMME. . . . . | 1,000 | 2 | » | 5 | 35.15 |
| Double kilogram. | 2,000 | 4 | 1 | 2 | 70.30 |
| 5 kilogrammes. . | 5,000 | 10 | 3 | 3 | 31.75 |
| 10 kilogrammes. . | 10,000 | 20 | 6 | 6 | 63.50 |
| 20 kilogrammes. . | 20,000 | 40 | 13 | 5 | 55.00 |
| 50 kilogrammes. , | 50,000 | 102 | 2 | 2 | 29.50 |

# RÉDUCTION DES POIDS DÉCIMAUX EN POIDS DE MARC

—

## 1. *Décigrammes en grains.*

10 décigrammes font un gramme.

| décigr. | grains. | décigr. | grains. | décigr. | grains. |
|---|---|---|---|---|---|
| 1 | 1.88 | 4 | 7.53 | 7 | 13.18 |
| 2 | 3.77 | 5 | 9.41 | 8 | 15.06 |
| 3 | 5.65 | 6 | 11.30 | 9 | 16.94 |

## 2. *Grammes en gros et grains.*

10 grammes font un décagramme.

| gram. | gros. | grains. | gram. | gros. | grains. | gram. | gros. | grains. |
|---|---|---|---|---|---|---|---|---|
| 1 | » | 19 | 4 | 1 | 3 | 7 | 1 | 60 |
| 2 | » | 38 | 5 | 1 | 22 | 8 | 2 | 7 |
| 3 | » | 56 | 6 | 1 | 41 | 9 | 2 | 25 |

## 3. *Décagrammes en onces, gros et grains.*

10 décagrammes font un hectogramme.

| déc. | onc. | gros. | gr. | déc. | onc. | gros. | gr. | déc. | onc. | gros. | gr. |
|---|---|---|---|---|---|---|---|---|---|---|---|
| 1 | » | 2 | 44 | 4 | 1 | 2 | 33 | 7 | 2 | 2 | 22 |
| 2 | » | 5 | 17 | 5 | 1 | 5 | 5 | 8 | 2 | 4 | 66 |
| 3 | » | 7 | 61 | 6 | 1 | 7 | 50 | 9 | 2 | 7 | 38 |

## 4. *Hectogrammes en livres, onces, gros et grains.*

| hectog. | liv. | onc. | gros. | grains. | hectog. | liv. | onc. | gros. | grains. |
|---|---|---|---|---|---|---|---|---|---|
| 1 | » | 3 | 2 | 11 | 6 | 1 | 3 | 4 | 64 |
| 2 | » | 6 | 4 | 21 | 7 | 1 | 6 | 7 | 3 |
| 3 | » | 9 | 6 | 32 | 8 | 1 | 10 | 1 | 14 |
| 4 | » | 13 | » | 43 | 9 | 1 | 13 | 3 | 24 |
| 5 | 1 | » | 2 | 54 | | | | | |

5. *Kilogrammes en livres, onces, gros et grains*

| kilog. | liv. | onc. | gros. | grains. | kilog. | liv. | onc. | gros. | grains. |
|---|---|---|---|---|---|---|---|---|---|
| 1 | 2 | » | 5 | 35 | 29 | 59 | 3 | 7 | 11 |
| 2 | 4 | 1 | 2 | 70 | 30 | 61 | 4 | 4 | 46 |
| 3 | 6 | 2 | » | 33 | 31 | 63 | 5 | 2 | 10 |
| 4 | 8 | 2 | 5 | 69 | 32 | 65 | 5 | 7 | 45 |
| 5 | 10 | 3 | 3 | 32 | 33 | 67 | 6 | 5 | 8 |
| 6 | 12 | 4 | » | 67 | 34 | 69 | 7 | 2 | 43 |
| 7 | 14 | 4 | 6 | 30 | 35 | 71 | 8 | » | 6 |
| 8 | 16 | 5 | 3 | 65 | 36 | 73 | 8 | 5 | 41 |
| 9 | 18 | 6 | 1 | 28 | 37 | 75 | 9 | 3 | 5 |
| 10 | 20 | 6 | 6 | 63 | 38 | 77 | 10 | » | 40 |
| 11 | 22 | 7 | 4 | 27 | 39 | 79 | 10 | 6 | 3 |
| 12 | 24 | 8 | 1 | 62 | 40 | 81 | 11 | 3 | 38 |
| 13 | 26 | 8 | 7 | 25 | 41 | 83 | 12 | 1 | 1 |
| 14 | 28 | 9 | 4 | 60 | 42 | 85 | 12 | 6 | 36 |
| 15 | 30 | 10 | 2 | 23 | 43 | 87 | 13 | 3 | 71 |
| 16 | 32 | 10 | 7 | 58 | 44 | 89 | 14 | 1 | 35 |
| 17 | 34 | 11 | 5 | 22 | 45 | 91 | 14 | 6 | 70 |
| 18 | 36 | 12 | 2 | 57 | 46 | 93 | 15 | 4 | 33 |
| 19 | 38 | 13 | » | 20 | 47 | 96 | » | 1 | 66 |
| 20 | 40 | 13 | 5 | 55 | 48 | 98 | » | 7 | 31 |
| 21 | 42 | 14 | 3 | 18 | 49 | 100 | 1 | 4 | 66 |
| 22 | 44 | 15 | 0 | 53 | 50 | 102 | 2 | 2 | 29 |
| 23 | 46 | 15 | 6 | 16 | 60 | 122 | 9 | 1 | 21 |
| 24 | 49 | » | 3 | 52 | 70 | 143 | » | » | 12 |
| 25 | 51 | 1 | 1 | 15 | 80 | 163 | 6 | 7 | 4 |
| 26 | 53 | 1 | 6 | 50 | 90 | 183 | 13 | 5 | 67 |
| 27 | 55 | 2 | 4 | 13 | 100 | 204 | 4 | 4 | 59 |
| 28 | 57 | 3 | 1 | 48 | | | | | |

## 6. KILOGRAMMES EN LIVRES.

| kilog. | livres. | kilog. | livres. | kilog. | livres. |
|---|---|---|---|---|---|
| 1 | 2.04 | 35 | 71,50 | 69 | 140.95 |
| 2 | 4.09 | 36 | 73.54 | 70 | 143.00 |
| 3 | 6.13 | 37 | 75.58 | 71 | 145.04 |
| 4 | 8.17 | 38 | 77.63 | 72 | 147.08 |
| 5 | 10.21 | 39 | 79.67 | 73 | 149.12 |
| 6 | 12.26 | 40 | 81.71 | 74 | 151.17 |
| 7 | 14.30 | 41 | 83.75 | 75 | 153.21 |
| 8 | 16.34 | 42 | 85.80 | 76 | 155.25 |
| 9 | 18.39 | 43 | 87.84 | 77 | 157.30 |
| 10 | 20.43 | 44 | 89.88 | 78 | 159.34 |
| 11 | 22.47 | 45 | 91.93 | 79 | 161.38 |
| 12 | 24.51 | 46 | 93.97 | 80 | 163.42 |
| 13 | 26.56 | 47 | 96.01 | 81 | 165.47 |
| 14 | 28.60 | 48 | 98.05 | 82 | 167.51 |
| 15 | 30.64 | 49 | 100.10 | 83 | 169.55 |
| 16 | 32.68 | 50 | 102.14 | 84 | 171.60 |
| 17 | 34.73 | 51 | 104.18 | 85 | 173.64 |
| 18 | 36.77 | 52 | 106.23 | 86 | 175.68 |
| 19 | 38.81 | 53 | 108.27 | 87 | 177.72 |
| 20 | 40.86 | 54 | 110.31 | 88 | 179.77 |
| 21 | 42.90 | 55 | 112.35 | 89 | 181.81 |
| 22 | 44.94 | 56 | 114.40 | 90 | 183.85 |
| 23 | 46.98 | 57 | 116.44 | 91 | 185.89 |
| 24 | 49.03 | 58 | 118.48 | 92 | 187.94 |
| 25 | 51.07 | 59 | 120.53 | 93 | 189.98 |
| 26 | 53.11 | 60 | 122.57 | 94 | 192.02 |
| 27 | 55.16 | 61 | 124.61 | 95 | 194.07 |
| 28 | 57.20 | 62 | 126.65 | 96 | 196.11 |
| 29 | 59.24 | 63 | 128.70 | 97 | 198.15 |
| 30 | 61.28 | 64 | 130.74 | 98 | 200.19 |
| 31 | 63.33 | 65 | 132.78 | 99 | 202.24 |
| 32 | 65.37 | 66 | 134.82 | 100 | 204.28 |
| 33 | 67.41 | 67 | 136.87 | | |
| 34 | 69.46 | 68 | 138.91 | | |

# POIDS MÉDICINAUX.

Quoique nous ayons donné ci-dessus (page 31.) la réduction des anciens grains par 8es, nous devons ajouter ici que M. Double a présenté récemment à l'Académie de médecine de Paris, un rapport sur l'application à la médecine et à la pharmacie du nouveau système métrique décimal des poids et mesures.

Après avoir montré les efforts successifs des législateurs, pour obtenir l'unité du système des différentes sortes de mesures, il a fait voir qu'aujourd'hui la médecine seule est restée attachée aux anciens poids.

Voici le double tableau des poids anciens et nouveaux, que M. Double a fait distribuer.

### PREMIER TABLEAU.

| Poids anciens. | Valeur exacte. |
|---|---|
| Livre........ | 1/2 kilogramme, 1/3 d'once. |
| Once........ | 3 décagrammes, plus 11 grains. |
| Gros........ | 4 grammes, moins 3 grains. |
| Grain....... | 5 centigrammes, plus 1/17 de grain. |

### DEUXIÈME TABLEAU.

| Poids anciens. | Valeur très-rapprochée |
|---|---|
| Livre........ | 1/2 kilogramme, ou 500 grains. |
| Once........ | 3 décigrammes, ou 30 grains. |
| Gros........ | 4 grammes. |
| Grain....... | 5 centigrammes. |

On peut voir, par ces tableaux, que les différences des mesures anciennes et nouvelles, sont si minimes que l'administration des médicamens, avec les nouvelles formules ne peut offrir aucun inconvénient. Nous croyons devoir donner de la publicité à cette partie du rapport de **M. Double**, parce qu'au 1er janvier 1840, les nouveaux poids sont obligatoires.

Voici un procédé mnémonique très-simple pour rendre l'application du systéme métrique extrêmement facile aux médecins et aux pharmaciens. Tout le monde sait compter par centimes, et connaît le rapport des centimes aux sols. Le franc se compose de vingt sols ou de cent centimes, comme le gramme se compose de vingt grains ou de cent centigrammes. Avec ce seul rapprochement, l'esprit est à l'aise, et l'on peut formuler nettement toutes les divisions du gramme, sans crainte d'erreur. Ainsi, le médecin veut-il prescrire douze, quinze, dix-huit grains d'un médicament? Il n'a qu'à substituer l'idée des sols au mot grains, et réduire les sols en centimes, il aura, par cette opération, réduit exactement les grains de médicamens qu'il aura voulu donner en centigrammes. Ainsi douze grains feront soixante centigrammes, quinze grains, soixante-quinze centigrammes, dix-huit grains, quatre-vingt-dix centigrammes, vingt-quatre grains, un gramme vingt centigrammes, comme douze sols font soixante centimes, quinze sols soixante-quinze centimes, dix-huit sols quatre-vingt-dix centimes, vingt-quatre sols un franc vingt centimes.

Les divisions de l'once sont aussi faciles. On est accoutumé à la diviser en huit gros; on peut mentalement conserver cette division; mais chaque gros devra être multiplié par quatre. Ainsi, un gros égale un gramme multiplié par quatre, ce qui fait quatre grammes; quatre gros égalent quatre grammes multipliés par quatre, et font seize grammes, huit gros, huit grammes multipliés par quatre, et font trente-deux grammes ou une *once*. On peut cependant, pour simplifier, admettre pour l'once trente grammes. Voici une formule qui indiquera la simplicité de la réduction des grains en grammes et centigrammes :

|  | *Poids anciens.* Grains. | *Réductions décimales.* Grammes. |
|---|---|---|
| Prenez : Castoreum. | 12. | 0,60 |
| Extrait de valériane. . | 24. | 1,20 |
| Assa fœtida. | 48. | 2,40 |
| Opium. . . | 4. | 0,20 |

Faites des pillules de quatre grains ou de vingt centigrammes.

Ces observations nous paraissent excellentes pour familiariser les médecins avec les nouveaux poids; elles faciliteront la substitution du système métrique aux poids usités jusqu'ici; elles donneront de la confiance aux praticiens pour la réduction de leurs formules, et leur feront éviter beaucoup d'erreurs.

*Poids très-rapprochés des mesures usitées d'après le nouveau codex de Paris.*

| | | |
|---|---|---|
| LA POIGNÉE | d'orge pèse ordinairement | 100 gram. |
| | de graine de lin. | 48 |
| | de farine de lin. | 105 |
| | de feuilles de mauves. | 43 |
| | de chicorée sèche. | 30 |
| LA PINCÉE | de fleurs de tilleul. | 40 |
| | de fleurs de camomille rom. | 8 |
| | d'arnica. | 6 |
| | de pas d'âne. | 6 |
| | de guimauve. | 5 |
| | de semences de fenouil. | 7 |
| | d'anis. | 4 |
| LE VERRE | contient. | 160 |
| LA GRANDE CUILLERÉE. | | 20 |
| LA PETITE CUILLERÉE. | | 5 |
| 20 GOUTTES | d'éther sulphurique pur à 66° Baumé pèsent. | 38 cent. |

**20 GOUTTES** d'éther sulphurique alcoolisé (liq. min. d'Hoffm.) . . } 49
d'alcool rectifié à 36 baumé.
d'alcool de mélisse composé.
d'alcool potasse , ou saturé de potasse. . . . . . . . .
d'huile animale de Dippel. . } 54
de teinture alcoolique de Benjoin. . . . . . . . . .
de castoréum.
d'huile d'olives ou d'amandes douces. . . . . . . . . . . 60
d'acide acétique très concentré, (à 10°). . . . . . . . . . 65
d'acide acétique ordinaire distillé. . . . . . . . . . } 71
d'huile volatile de menthe. .
d'huile volatile de pétrole ou naphte. . . . . . . . . .
d'acide sulphurique alcoolisé. } 76
(eau de Rabel). . . . . . .
d'eau simple distillée. . . . .
de laudanum liquide de Sydenham. . . . . . . . . . . 81
d'huile volatile de girofle. . 87
de soude caustique liquide (à 36° aréom.). . . . . . }
d'eau saturée de sulphate de magnésie. . . . . . . . . } 98
de gouttes de laudanum de l'abbé Rousseau. . . . . . 1gr.19 c.
d'acide hydrocyanique (à 900°). . . . . . . . . . . 1    25
d'acide sulphurique (à 66°).
de solution de gomme arabique, 1?8 dans l'eau. . . } 1    30
de sirop de sucre (à 35°). . 2    71

# MESURES DE LONGUEUR.

### REDUCTION DE FRACTIONS DE L'AUNE, ET DE L'AUNE EN MÈTRES.

---

### 1. *Fractions de l'aune en mètres.*

| aunes. | mètres. | aunes. | mètres. | aunes. | mètres. |
|---|---|---|---|---|---|
| 1 demie. | 0.594 | 3 huit. | 0.445 | 7 | 0.520 |
| 1 tiers. | 0.396 | 5 | 0.743 | 9 | 0.668 |
| 2 tiers. | 0.792 | 7 | 1.040 | 11 | 0.816 |
| 1 quart. | 0.297 | 1 seiz. | 0.074 | 13 | 0.965 |
| 3 quarts. | 0.891 | 3 | 0.223 | 15 | 1.114 |
| 1 huit. | 0.148 | 5 | 0.372 | | |

### 2. *Aune de Paris en mètres.*

| aunes. | mètres. | aunes. | mètres. | aunes. | mètres. |
|---|---|---|---|---|---|
| 1 | 1.19 | 20 | 23.77 | 39 | 46.35 |
| 2 | 2.38 | 21 | 24.96 | 40 | 47.54 |
| 3 | 3.57 | 22 | 26.15 | 41 | 48.73 |
| 4 | 4.75 | 23 | 27.33 | 42 | 49.91 |
| 5 | 5.94 | 24 | 28.52 | 43 | 51.10 |
| 6 | 7.13 | 25 | 29.71 | 44 | 52.29 |
| 7 | 8.32 | 26 | 30.90 | 45 | 53.48 |
| 8 | 9.51 | 27 | 32.09 | 46 | 54.67 |
| 9 | 10.70 | 28 | 33.27 | 47 | 55.86 |
| 10 | 11.88 | 29 | 34.46 | 48 | 57.05 |
| 11 | 13.07 | 30 | 35.65 | 49 | 58.23 |
| 12 | 14.26 | 31 | 36.84 | 50 | 58.42 |
| 13 | 15.45 | 32 | 38.03 | 60 | 71.31 |
| 14 | 16.64 | 33 | 39.22 | 70 | 83.19 |
| 15 | 17.83 | 34 | 40.41 | 80 | 95.08 |
| 16 | 19.02 | 35 | 41.60 | 90 | 106.90 |
| 17 | 20.20 | 36 | 42.78 | 100 | 118.84 |
| 18 | 21.39 | 37 | 43.97 | | |
| 19 | 22.58 | 38 | 45.16 | | |

# RÉDUCTION DES MÈTRES EN AUNES.

## 1. *Centimètres en aunes.*

| centimèt. | aunes. | centimèt. | aunes. | centimèt. | aunes. |
|---|---|---|---|---|---|
| 1 | 0.008 | 7 | 0.059 | 40 | 0.337 |
| 2 | 0 017 | 8 | 0.067 | 50 | 0.421 |
| 3 | 0 025 | 9 | 0.076 | 60 | 0.505 |
| 4 | 0.034 | 10 | 0.084 | 70 | 0.589 |
| 5 | 0.042 | 20 | 0.168 | 80 | 0 673 |
| 6 | 0.050 | 30 | 0.252 | 90 | 0 757 |

## 2. *Mètres en aunes.*

| mètres. | aunes. | mètres. | aunes. | mètres. | aunes. |
|---|---|---|---|---|---|
| 1 | 0 84 | 20 | 16.83 | 39 | 32.82 |
| 2 | 1.68 | 21 | 17.67 | 40 | 33.66 |
| 3 | 2.52 | 22 | 18.52 | 41 | 34.50 |
| 4 | 3.37 | 23 | 19.35 | 42 | 35.34 |
| 5 | 4.21 | 24 | 20.20 | 43 | 36.18 |
| 6 | 5.05 | 25 | 21.04 | 44 | 37.02 |
| 7 | 5.89 | 26 | 21.88 | 45 | 37.87 |
| 8 | 6.73 | 27 | 22.72 | 46 | 38.71 |
| 9 | 7.57 | 28 | 23.56 | 47 | 39.55 |
| 10 | 8.41 | 29 | 24.40 | 48 | 40.39 |
| 11 | 9.26 | 30 | 25.24 | 49 | 41.23 |
| 12 | 10.10 | 31 | 26.09 | 50 | 42.07 |
| 13 | 10.94 | 32 | 26.93 | 60 | 50.49 |
| 14 | 11.78 | 33 | 27.77 | 70 | 58.90 |
| 15 | 12.62 | 34 | 28.61 | 80 | 67.31 |
| 16 | 13.46 | 35 | 29.45 | 90 | 75.73 |
| 17 | 14.30 | 36 | 30.29 | 100 | 84.15 |
| 18 | 15.15 | 37 | 31.13 | | |
| 19 | 15.99 | 38 | 31.98 | | |

# RÉDUCTION DES PIEDS, POUCES, ET LIGNES EN MÈTRES

| lign. | mèt. millim. |
|---|---|
| 1 | 0.002 |
| 2 | 0.005 |
| 3 | 0.007 |
| 4 | 0.009 |
| 5 | 0.011 |
| 6 | 0.014 |
| 7 | 0.016 |
| 8 | 0.018 |
| 9 | 0.020 |
| 10 | 0.023 |
| 11 | 0.025 |

| pouc. | lig. | mèt. mil. |
|---|---|---|
| 1 | » | 0.027 |
| 1 | 1 | 0.030 |
| 1 | 2 | 0.032 |
| 1 | 3 | 0.034 |
| 1 | 4 | 0.036 |
| 1 | 5 | 0.038 |
| 1 | 6 | 0.041 |
| 1 | 7 | 0.043 |
| 1 | 8 | 0.045 |
| 1 | 9 | 0.047 |
| 1 | 10 | 0.050 |
| 1 | 11 | 0.052 |
| 2 | » | 0.054 |
| 2 | 1 | 0.056 |
| 2 | 2 | 0.059 |

| pouc. | lig. | mèt. mil. |
|---|---|---|
| 2 | 3 | 0.061 |
| 2 | 4 | 0.063 |
| 2 | 5 | 0.065 |
| 2 | 6 | 0.068 |
| 2 | 7 | 0.070 |
| 2 | 8 | 0.072 |
| 2 | 9 | 0.074 |
| 2 | 10 | 0.077 |
| 2 | 11 | 0.079 |
| 3 | » | 0.081 |
| 3 | 1 | 0.083 |
| 3 | 2 | 0.086 |
| 3 | 3 | 0.088 |
| 3 | 4 | 0.090 |
| 3 | 5 | 0.092 |
| 3 | 6 | 0.095 |
| 3 | 7 | 0.097 |
| 3 | 8 | 0.099 |
| 3 | 9 | 0.102 |
| 3 | 10 | 0.104 |
| 3 | 11 | 0.106 |
| 4 | » | 0.108 |
| 4 | 1 | 0.111 |
| 4 | 2 | 0.113 |
| 4 | 3 | 0.115 |
| 4 | 4 | 0.117 |
| 4 | 5 | 0.120 |
| 4 | 6 | 0.122 |

| pouc. | lig. | mèt. mil. |
|---|---|---|
| 4 | 7 | 0.124 |
| 4 | 8 | 0.126 |
| 4 | 9 | 0.129 |
| 4 | 10 | 0.131 |
| 4 | 11 | 0.133 |
| 5 | » | 0.135 |
| 5 | 1 | 0.138 |
| 5 | 2 | 0.140 |
| 5 | 3 | 0.142 |
| 5 | 4 | 0.144 |
| 5 | 5 | 0.147 |
| 5 | 6 | 0.149 |
| 5 | 7 | 0.151 |
| 5 | 8 | 0.153 |
| 5 | 9 | 0.156 |
| 5 | 10 | 0.158 |
| 5 | 11 | 0.160 |
| 6 | » | 0.162 |
| 6 | 1 | 0.165 |
| 6 | 2 | 0.167 |
| 6 | 3 | 0.169 |
| 6 | 4 | 0.171 |
| 6 | 5 | 0.174 |
| 6 | 6 | 0.176 |
| 6 | 7 | 0.178 |
| 6 | 8 | 0.180 |
| 6 | 9 | 0.183 |
| 6 | 10 | 0.185 |

| | | | | | | | | |
|---|---|---|---|---|---|---|---|---|
| 6 | 11 | 0.187 | 8 | 8 | 0.235 | 10 | 5 | 0.282 |
| 7 | » | 0.190 | 8 | 9 | 0.237 | 10 | 6 | 0.284 |
| 7 | 1 | 0.192 | 8 | 10 | 0.239 | 10 | 7 | 0.287 |
| 7 | 2 | 0.194 | 8 | 11 | 0.241 | 10 | 8 | 0.289 |
| 7 | 3 | 0.196 | 9 | » | 0.244 | 10 | 9 | 0.291 |
| 7 | 4 | 0.199 | 9 | 1 | 0.246 | 10 | 10 | 0.293 |
| 7 | 5 | 0.201 | 9 | 2 | 0.248 | 10 | 11 | 0.296 |
| 7 | 6 | 0.203 | 9 | 3 | 0.250 | 11 | » | 0.298 |
| 7 | 7 | 0.205 | 9 | 4 | 0.253 | 11 | 1 | 0.300 |
| 7 | 8 | 0.208 | 9 | 5 | 0.255 | 11 | 2 | 0.302 |
| 7 | 9 | 0.210 | 9 | 6 | 0.257 | 11 | 3 | 0.305 |
| 7 | 10 | 0.212 | 9 | 7 | 0.259 | 11 | 4 | 0.307 |
| 7 | 11 | 0.214 | 9 | 8 | 0.262 | 11 | 5 | 0.309 |
| 8 | » | 0.217 | 9 | 9 | 0.264 | 11 | 6 | 0.311 |
| 8 | 1 | 0.219 | 9 | 10 | 0.266 | 11 | 7 | 0.314 |
| 8 | 2 | 0.221 | 9 | 11 | 0.268 | 11 | 8 | 0.316 |
| 8 | 3 | 0.223 | 10 | » | 0.271 | 11 | 9 | 0.318 |
| 8 | 4 | 0.226 | 10 | 1 | 0.273 | 11 | 10 | 0.320 |
| 8 | 5 | 0.228 | 10 | 2 | 0.275 | 11 | 11 | 0.323 |
| 8 | 6 | 0.230 | 10 | 3 | 0.277 | | | |
| 8 | 7 | 0.232 | 10 | 4 | 0.280 | | | |

# RÉDUCTION DES PIEDS EN MÈTRES.

| pieds | mètres. | pieds. | mètres. | pieds. | mètres. |
|---|---|---|---|---|---|
| 1 | 0.32 | 20 | 6.50 | 39 | 12.67 |
| 2 | 0.65 | 21 | 6.82 | 40 | 12.99 |
| 3 | 0.97 | 22 | 7.15 | 41 | 13.32 |
| 4 | 1.30 | 23 | 7.47 | 42 | 13.64 |
| 5 | 1.62 | 24 | 7.80 | 43 | 13.97 |
| 6 | 1.95 | 25 | 8.12 | 44 | 14.29 |
| 7 | 2 27 | 26 | 8.45 | 45 | 14.62 |
| 8 | 2.60 | 27 | 8.77 | 46 | 14.94 |
| 9 | 2.92 | 28 | 9.10 | 47 | 15.27 |
| 10 | 3.25 | 29 | 9.42 | 48 | 15.59 |
| 11 | 3.57 | 30 | 9.74 | 49 | 15.92 |
| 12 | 3.90 | 31 | 10.07 | 50 | 16.24 |
| 13 | 4.22 | 32 | 10.39 | 60 | 19.49 |
| 14 | 4.55 | 33 | 10.72 | 70 | 22.74 |
| 15 | 4.87 | 34 | 11.04 | 80 | 25.99 |
| 16 | 5.20 | 35 | 11.37 | 90 | 29.23 |
| 17 | 5.52 | 36 | 10.69 | 100 | 32.48 |
| 18 | 5.85 | 37 | 12.02 | | |
| 19 | 6.17 | 38 | 12.34 | | |

# REDUCTION DES TOISES EN METRES.

| toises. | mètres. | toises. | mètres. | toises. | mètres. |
|---|---|---|---|---|---|
| 1 | 1.95 | 20 | 38.98 | 39 | 76.01 |
| 2 | 3.90 | 21 | 40.93 | 40 | 77.96 |
| 3 | 5.85 | 22 | 42.88 | 41 | 79.91 |
| 4 | 7.80 | 23 | 44.83 | 42 | 81.86 |
| 5 | 9.75 | 24 | 46.77 | 43 | 83.81 |
| 6 | 11.69 | 25 | 48.73 | 44 | 85.70 |
| 7 | 13.64 | 26 | 50.67 | 45 | 87.71 |
| 8 | 15.59 | 27 | 52.62 | 46 | 89.66 |
| 9 | 17.54 | 28 | 54.57 | 47 | 91.60 |
| 10 | 19.49 | 29 | 56.52 | 48 | 93.55 |
| 11 | 21.44 | 30 | 58.47 | 49 | 95.50 |
| 12 | 23.39 | 31 | 60.42 | 50 | 97.45 |
| 13 | 25.34 | 32 | 62.37 | 60 | 116.94 |
| 14 | 27.29 | 33 | 64.32 | 70 | 136.43 |
| 15 | 29.24 | 34 | 66.27 | 80 | 155.92 |
| 16 | 31.18 | 35 | 68.22 | 90 | 175.43 |
| 17 | 33.13 | 36 | 70.17 | 100 | 194.90 |
| 18 | 35.08 | 37 | 72·11 | | |
| 19 | 37.03 | 38 | 74.06 | | |

# REDUCTION DES PARTIES DU MÈTRE EN LIGNES, POUCES ET PIEDS.

| millim. | lignes. | centim. | pouces. | décim. | pieds |
|---|---|---|---|---|---|
| 1 | 0,443 | 1 | 0.37 | 1 | 0.31 |
| 2 | 0.887 | 2 | 0.74 | 2 | 0.62 |
| 3 | 1.330 | 3 | 1.11 | 3 | 0.92 |
| 4 | 1.773 | 4 | 1.48 | 4 | 1.23 |
| 5 | 2.216 | 5 | 1.85 | 5 | 1.54 |
| 6 | 2.660 | 6 | 2.22 | 6 | 1.85 |
| 7 | 3.103 | 7 | 2.59 | 7 | 2.15 |
| 8 | 3.546 | 8 | 2.96 | 8 | 2 46 |
| 9 | 3.990 | 9 | 3.32 | 9 | 2.77 |
| 10 | 4.433 | 10 | 3.69 | 10 | 3.08 |
| 20 | 8.866 | | | | |
| 30 | 13.300 | | | | |
| 40 | 17.732 | | | | |
| 50 | 22.165 | | | | |

MESURES DE LONGUEUR.

# RÉDUCTION DES MÈTRES EN TOISES.

| mèt. | toises. | mèt. | toises. | mèt. | toises. |
|---|---|---|---|---|---|
| 1 | 0.51 | 20 | 10.26 | 39 | 20.01 |
| 2 | 1.03 | 21 | 10.78 | 40 | 20.52 |
| 3 | 1.54 | 22 | 11.29 | 41 | 21.04 |
| 4 | 2.05 | 23 | 11.80 | 42 | 21.55 |
| 5 | 2.57 | 24 | 12.31 | 43 | 22.06 |
| 6 | 3.08 | 25 | 12.83 | 44 | 22.58 |
| 7 | 3.59 | 26 | 13.34 | 45 | 23.05 |
| 8 | 4.10 | 27 | 13.85 | 46 | 23.60 |
| 9 | 4.62 | 28 | 14.37 | 47 | 24.12 |
| 10 | 5.13 | 29 | 14.88 | 48 | 24.63 |
| 11 | 5.64 | 30 | 15.39 | 49 | 25.14 |
| 12 | 6.16 | 31 | 15.91 | 50 | 25.66 |
| 13 | 6.67 | 32 | 16.42 | 60 | 30.78 |
| 14 | 7.18 | 33 | 16.93 | 70 | 35.91 |
| 15 | 7.70 | 34 | 17.47 | 80 | 41.05 |
| 16 | 8.21 | 35 | 17.92 | 90 | 46.18 |
| 17 | 8.72 | 36 | 18.47 | 100 | 51.31 |
| 18 | 9.34 | 37 | 18.97 | | |
| 19 | 9.75 | 38 | 19.50 | | |

# RÉDUCTION DU MÈTRE EN TOISES, PIEDS, POUCES ET LIGNES.

| cent. | t. | p. | po. | lig. |
|---|---|---|---|---|
| 1 | » | » | » | 4.43 |
| 2 | » | » | » | 8.87 |
| 3 | » | » | 1 | 1.30 |
| 4 | » | » | 1 | 5.75 |
| 5 | » | » | 1 | 10.16 |
| 6 | » | » | 2 | 2.60 |
| 7 | » | » | 2 | 7.03 |
| 8 | » | » | 2 | 11.46 |
| 9 | » | » | 3 | 3.90 |
| déc. | | | | |
| 1 | » | » | 3 | 8.33 |
| 2 | » | » | 7 | 4.66 |
| 3 | » | » | 11 | 0.99 |
| 4 | » | 1 | 2 | 9.32 |
| 5 | » | 1 | 6 | 5.65 |
| 6 | » | 1 | 10 | 1.98 |
| 7 | » | 2 | 1 | 10.31 |
| 8 | » | 2 | 5 | 6.64 |
| 9 | » | 2 | 9 | 2.97 |
| mèt. | | | | |
| 1 | » | 3 | | 0.11 |
| 2 | 1 | 0 | | 1.11 |
| 3 | 1 | 3 | | 2.10 |
| 4 | 2 | 3 | | 3.9 |
| 5 | 2 | 3 | | 4.8 |

| mèt. | t. | p. | po. | lig. |
|---|---|---|---|---|
| 6 | 3 | 0 | | 5.8 |
| 7 | 3 | 3 | | 6.7 |
| 8 | 4 | » | | 7.6 |
| 9 | 4 | 3 | | 8.6 |
| 10 | 5 | » | | 9.5 |
| 11 | 5 | 3 | | 10.4 |
| 12 | 6 | 0 | | 11.4 |
| 13 | 6 | 4 | | 0.3 |
| 14 | 7 | 1 | | 1.2 |
| 15 | 7 | 4 | | 2.1 |
| 16 | 8 | 1 | | 3.1 |
| 17 | 8 | 4 | | 4.0 |
| 18 | 9 | 1 | | 4.1 |
| 19 | 9 | 4 | | 5.11 |
| 20 | 10 | 1 | | 6.11 |
| 21 | 10 | 4 | | 7.90 |
| 22 | 11 | 1 | | 8.9 |
| 23 | 11 | 4 | | 9.8 |
| 24 | 12 | 1 | | 10.7 |
| 25 | 12 | 4 | | 11.6 |
| 26 | 13 | 2 | | 0.6 |
| 27 | 13 | 5 | | 1.5 |
| 28 | 14 | 2 | | 2.4 |
| 29 | 14 | 5 | | 3.4 |
| 30 | 15 | 2 | | 4.3 |

| mèt. | t. | p. | po. | lig. |
|---|---|---|---|---|
| 31 | 15 | 5 | | 5.2 |
| 32 | 16 | 2 | | 6.1 |
| 33 | 16 | 5 | | 7.1 |
| 34 | 17 | 2 | | 8.0 |
| 35 | 17 | 5 | | 8.11 |
| 36 | 18 | 2 | | 9.11 |
| 37 | 18 | 5 | | 10.10 |
| 38 | 19 | 2 | | 11.9 |
| 39 | 20 | 0 | | 0.9 |
| 40 | 20 | 3 | | 1.8 |
| 41 | 21 | 0 | | 2.7 |
| 42 | 21 | 3 | | 3.6 |
| 43 | 22 | 0 | | 4.6 |
| 44 | 22 | 3 | | 5.5 |
| 45 | 23 | 0 | | 6.4 |
| 46 | 23 | 3 | | 7.4 |
| 47 | 24 | 0 | | 8.3 |
| 48 | 24 | 3 | | 9.2 |
| 49 | 25 | 0 | | 10.2 |
| 50 | 25 | 3 | | 11.1 |
| 60 | 30 | 4 | | 8.6 |
| 70 | 35 | 5 | | 5.11 |
| 80 | 41 | 0 | | 3.4 |
| 90 | 46 | 1 | | 0.9 |
| 100 | 51 | 1 | | 10.2 |

# MESURES DE SUPERFICIE.

## RÉDUCTION DES MÈTRES, ET PARTIES DE MÈTRE CARRÉS, EN ANCIENNES LIGNES, POUCES, PIEDS ET TOISES CARRÉES.

### 1. MILLIMÈTRES CARRÉS, EN ANCIENNES LIGNES CARRÉES.

100 millimètres carrés font un centimètre carré.

| millim. car. | lig. car. | millim. car. | lig. car. | millim. car. | lig. car. |
|---|---|---|---|---|---|
| 1 | 0.197 | 15 | 2.948 | 65 | 12.773 |
| 2 | 0.393 | 20 | 3.930 | 70 | 13.756 |
| 3 | 0.590 | 25 | 4.913 | 75 | 14.738 |
| 4 | 0.786 | 30 | 5.895 | 80 | 15.721 |
| 5 | 0.983 | 35 | 6.878 | 85 | 16.703 |
| 6 | 1.179 | 40 | 7.860 | 90 | 17.686 |
| 7 | 1.376 | 45 | 8.843 | 95 | 18.669 |
| 8 | 1.572 | 50 | 9.826 | 100 | 19.651 |
| 9 | 1.769 | 55 | 10.808 | | |
| 10 | 1.965 | 60 | 11.791 | | |

## 2. CENTIMÈTRES CARRÉS EN ANCIENS POUCES CARRÉS.

100 centimètres carrés font un décimètre carré.

| cent. car. | pouc. car. | cent. car. | pouc. car. | cent. car. | pouc. car. |
|---|---|---|---|---|---|
| 1 | 0.136 | 15 | 2.047 | 65 | 8.870 |
| 2 | 0.273 | 20 | 2.729 | 70 | 9.553 |
| 3 | 0.409 | 25 | 3.412 | 75 | 10.235 |
| 4 | 0.546 | 30 | 4.094 | 80 | 10.917 |
| 5 | 0.682 | 35 | 4.776 | 85 | 11.600 |
| 6 | 0.819 | 40 | 5.459 | 90 | 12.282 |
| 7 | 0.955 | 45 | 6.141 | 95 | 12.964 |
| 8 | 1.092 | 50 | 6.823 | 100 | 13.647 |
| 9 | 1.228 | 55 | 7.506 | | |
| 10 | 1.365 | 60 | 8.188 | | |

### 3. DÉCIMÈTRES CARRÉS EN ANCIENS PIEDS CARRÉS.

—

100 décimètres font un mètre carré.

| décim. car. | p. car. | décim. car. | p. car. | décim. car. | p. car |
|---|---|---|---|---|---|
| 1 | 0.095 | 15 | 1.422 | 65 | 6.160 |
| 2 | 0.190 | 20 | 1.895 | 70 | 6.634 |
| 3 | 0.284 | 25 | 2.369 | 75 | 7.108 |
| 4 | 0.379 | 30 | 2.843 | 80 | 7.581 |
| 5 | 0.474 | 35 | 3.317 | 85 | 8.055 |
| 6 | 0.569 | 40 | 3.791 | 90 | 8.529 |
| 7 | 0.663 | 45 | 4.265 | 95 | 9.003 |
| 8 | 0.758 | 50 | 4.738 | 100 | 9.477 |
| 9 | 0.853 | 55 | 5.212 | | |
| 10 | 0.948 | 60 | 5.686 | | |

# 4. MÈTRES CARRÉS EN ANCIENNES TOISES CARRÉES.

| mèt. car. | tois. car. | mèt. car. | tois. car. | mèt. car. | tois. car. |
|---|---|---|---|---|---|
| 1 | 0.263 | 15 | 3.949 | 65 | 17.111 |
| 2 | 0.526 | 20 | 5.265 | 70 | 18.427 |
| 3 | 0.790 | 25 | 6.581 | 75 | 19.743 |
| 4 | 1.053 | 30 | 7.897 | 80 | 21.060 |
| 5 | 1.316 | 35 | 9.214 | 85 | 22.376 |
| 6 | 1.579 | 40 | 10 530 | 90 | 23.692 |
| 7 | 1.843 | 45 | 11.486 | 95 | 25.008 |
| 8 | 2.106 | 50 | 13.162 | 100 | 26.325 |
| 9 | 2.369 | 55 | 14.478 | | |
| 10 | 3.632 | 60 | 15.795 | | |

# RÉDUCTION DES ANCIENNES LIGNES, POUCES, PIEDS ET TOISES CARRÉES, EN MÈTRES ET PARTIES DE MÈTRES CARRÉS.

## 1. ANCIENNES LIGNES CARRÉES EN MILLIMÈTRES CARRÉS.

Les décimales sont des millièmes de millimètre carré.

144 lignes carrées font un pouce carré.

| lig. car. | millim. car. | lig. car. | millim. car. | lig. car. | millim. car. |
|---|---|---|---|---|---|
| 1 | 5.089 | 30 | 152.663 | 95 | 483.432 |
| 2 | 10.178 | 35 | 178.107 | 100 | 508.876 |
| 3 | 15.266 | 40 | 203.550 | 105 | 534.320 |
| 4 | 20.355 | 45 | 228.994 | 110 | 559.764 |
| 5 | 25.444 | 50 | 254.438 | 115 | 584.207 |
| 6 | 30.533 | 55 | 279.882 | 120 | 610.651 |
| 7 | 35.621 | 60 | 305.326 | 125 | 636.095 |
| 8 | 40.710 | 65 | 330.769 | 130 | 661.539 |
| 9 | 45.799 | 70 | 356.213 | 135 | 686.983 |
| 10 | 50.888 | 75 | 381.657 | 140 | 713.427 |
| 15 | 76.331 | 80 | 407.101 | 144 | 732.782 |
| 20 | 101.775 | 85 | 432.545 | | |
| 25 | 127.219 | 90 | 457.988 | | |

## 2. ANCIENS POUCES CARRÈS EN CENTIMÈTRES CARRÉS.

144 pouces carrés font un pied carré.

| pouc. car. | cent. car. | pouc. car. | cent. car. | pouc. car. | cent. car. |
|---|---|---|---|---|---|
| 1 | 7.328 | 30 | 219.835 | 95 | 696.143 |
| 2 | 14.656 | 35 | 256.474 | 100 | 732.782 |
| 3 | 21.983 | 40 | 293.113 | 105 | 769.421 |
| 4 | 29.311 | 45 | 329.752 | 110 | 806.060 |
| 5 | 36.639 | 50 | 366.391 | 115 | 842.699 |
| 6 | 43.967 | 55 | 403.030 | 120 | 879.339 |
| 7 | 51.295 | 60 | 439.669 | 125 | 915.978 |
| 8 | 58.623 | 65 | 476.308 | 130 | 952.617 |
| 9 | 65.950 | 70 | 512.947 | 135 | 989.256 |
| 10 | 73.278 | 75 | 549.587 | 140 | 1025.895 |
| 15 | 109.917 | 80 | 586.226 | 144 | 1055.521 |
| 20 | 146.556 | 85 | 622.865 | | |
| 25 | 183.196 | 90 | 659.504 | | |

## 3. ANCIENS PIEDS CARRÉS EN DÉCIMÈTRES CARRÉS.

—

36 pieds carrés font une toise carrée.

| pieds car. | déc. car. | pieds car. | déc. car. | pieds car. | déc. car. |
|---|---|---|---|---|---|
| 1 | 10.552 | 13 | 137.177 | 25 | 263.802 |
| 2 | 21.104 | 14 | 147.729 | 26 | 274.354 |
| 3 | 31.656 | 15 | 158.281 | 27 | 284.906 |
| 4 | 42.208 | 16 | 168.833 | 28 | 295.458 |
| 5 | 52.760 | 17 | 179.385 | 29 | 306.010 |
| 6 | 63.312 | 18 | 189.937 | 30 | 316.562 |
| 7 | 73.864 | 19 | 200.489 | 31 | 327.114 |
| 8 | 84.416 | 20 | 211.041 | 32 | 337.666 |
| 9 | 94.969 | 21 | 221.593 | 33 | 348.218 |
| 10 | 105.521 | 22 | 232.145 | 34 | 358.770 |
| 11 | 116.073 | 23 | 242.697 | 35 | 369.322 |
| 12 | 126.625 | 24 | 253.249 | 36 | 379.874 |

# 4. TOISES CARRÉES EN MÈTRES CARRÉS.

| tois. car. | mèt. car. | tois. car. | mèt. car. | tois. car. | mèt. car |
|---|---|---|---|---|---|
| 1 | 3.799 | 21 | 79.774 | 41 | 155.748 |
| 2 | 7.597 | 22 | 83.572 | 42 | 159.547 |
| 3 | 11.396 | 23 | 87.371 | 43 | 163.346 |
| 4 | 15.195 | 24 | 91.170 | 44 | 167.145 |
| 5 | 18.994 | 25 | 94.969 | 45 | 170.943 |
| 6 | 22.792 | 26 | 98.767 | 46 | 174.742 |
| 7 | 26.591 | 27 | 102.566 | 47 | 178.541 |
| 8 | 30.390 | 28 | 106.365 | 48 | 182.340 |
| 9 | 34.189 | 29 | 110.164 | 49 | 186.138 |
| 10 | 37.987 | 30 | 113.962 | 50 | 189.937 |
| 11 | 41.786 | 31 | 117.761 | 55 | 208.931 |
| 12 | 45.585 | 32 | 121.560 | 60 | 227.925 |
| 13 | 49.384 | 33 | 125.358 | 65 | 246.918 |
| 14 | 53.182 | 34 | 129.157 | 70 | 265.912 |
| 15 | 56.981 | 35 | 132,956 | 75 | 284.906 |
| 16 | 60.780 | 36 | 136.755 | 80 | 303.899 |
| 17 | 64.579 | 37 | 140.553 | 85 | 322.893 |
| 18 | 68.377 | 38 | 144.352 | 90 | 341.887 |
| 19 | 72.176 | 39 | 148.151 | 95 | 360.880 |
| 20 | 75.975 | 40 | 151.950 | 100 | 379.874 |

# MESURES AGRAIRES.

La grande diversité des mesures locales qui varient souvent de commune à commune dans le même département, ne nous permet pas de donner des tables de réduction pour chaque localité. Nous nous bornons à donner les plus usitées, et renvoyons pour les autres à la page 27, où l'on trouvera la conversion exacte du mètre carré en subdivisions de la toise carrée.

Connaissant le nombre de pieds que contient une mesure de superficie sous quelque dénomination qu'elle puisse être, on trouvera à la page précitée que le mètre vaut 9 pieds 4768, en divisant le nombre de pieds par 9, 4768 on aura le nombre de mètres carrés que contient cette mesure, et comme un are se compose de 100 mètres, et l'hectare de 100 ares; on obtiendra, en séparant par une virgule les 4 derniers chiffres du produit, la réduction en hectare.

Ainsi soit une mesure contenant 36012 pieds carrés; en ajoutant à ce nombre 4 zéro pour égaliser les 4 décimales qui se trouvent au diviseur, on aura 360120000, lesquels divisés par 94768 donneront pour quotient 3800; et séparant par une virgule les 2 chiffres de droite du produit, il se trouvera 38,00, ou 38 ares pour résultat si le produit présentait 5 chiffres ou au-dessus soit 15438, il faudrait les séparer ainsi 1,54,38, et le résultat sera 1 hectare, 54 ares, 38 centiares.

# RÉDUCTION DE L'ARPENT D'ORDONNANCE DE 100 PERCHES DE 22 PIEDS DE COTÉ EN HECTARES, ARES ET CENTIARES CARRÉS.

L'arpent contient 48,400 pieds, et la perche 484 pieds carrés.

| arp. | hectares. | arp. | hectares. | arp. | hectares. |
|---|---|---|---|---|---|
| 1 | 0.51 07 | 24 | 12.25 73 | 47 | 24.00 38 |
| 2 | 1.02 14 | 25 | 12.76 80 | 48 | 24.51 46 |
| 3 | 1.53 22 | 26 | 13.27 87 | 49 | 25.02 53 |
| 4 | 2.04 29 | 27 | 13.78 94 | 50 | 25.53 60 |
| 5 | 2.55 36 | 28 | 14.30 02 | 51 | 26.04 67 |
| 6 | 3.06 43 | 29 | 14.81 09 | 52 | 26.55 74 |
| 7 | 3.57 50 | 30 | 15.32 16 | 53 | 27.00 82 |
| 8 | 4.08 58 | 31 | 15.83 23 | 54 | 27.57 89 |
| 9 | 4.59 65 | 32 | 16.34 30 | 55 | 28.08 96 |
| 10 | 5.10 72 | 33 | 16.85 38 | 56 | 28.60 03 |
| 11 | 5.61 79 | 34 | 17.36 45 | 57 | 29.11 10 |
| 12 | 6.12 86 | 35 | 17.87 52 | 58 | 29.62 18 |
| 13 | 6.63 94 | 36 | 18.38 59 | 59 | 30.13 25 |
| 14 | 7.15 01 | 37 | 18.89 66 | 60 | 30.64 32 |
| 15 | 7.66 08 | 38 | 19.40 74 | 61 | 31.15 39 |
| 16 | 8.17 15 | 39 | 19.91 81 | 62 | 31.66 46 |
| 17 | 8.68 22 | 40 | 20.42 88 | 63 | 32.17 54 |
| 18 | 9.19 30 | 41 | 20.93 95 | 64 | 32.68 61 |
| 19 | 9.70 37 | 42 | 21.45 02 | 65 | 33.19 68 |
| 20 | 10.21 44 | 43 | 21.96 10 | 66 | 33.70 75 |
| 21 | 10.72 51 | 44 | 22.47 17 | 67 | 34.21 82 |
| 22 | 11.23 58 | 45 | 22.98 24 | 68 | 34.72 90 |
| 23 | 11.74 66 | 46 | 23.49 31 | 69 | 35.23 97 |

| arp. | hectares. | arp. | hectares. | arp. | hectares. |
|---|---|---|---|---|---|
| 70 | 35.75 04 | 81 | 41.36 83 | 92 | 46.98 62 |
| 71 | 36.26 11 | 82 | 41.87 90 | 93 | 47.49 70 |
| 72 | 36.77 18 | 83 | 42.38 98 | 94 | 48.00 77 |
| 73 | 37.28 26 | 84 | 42.90 05 | 95 | 48.51 84 |
| 74 | 37.79 33 | 85 | 43.41 12 | 96 | 49.02 91 |
| 75 | 38.30 40 | 86 | 43.92 19 | 97 | 49.53 98 |
| 76 | 38.81 47 | 87 | 44.43 26 | 98 | 50.05 06 |
| 77 | 39.32 54 | 88 | 44.94 34 | 99 | 50.05 06 |
| 78 | 39.83 62 | 89 | 45.45 41 | 100 | 51.07 20 |
| 79 | 40.34 69 | 90 | 45.96 48 | | |
| 80 | 40.85 76 | 91 | 46.47 55 | | |

# REDUCTION DE L'HECTARE EN ARPENS D'OR-DONNANCE DE 100 PERCHES DE 22 PIEDS CARRÉS.

| hect. | arp. | perch. | hect. | arp. | perch. | hect. | arp. | perch. |
|---|---|---|---|---|---|---|---|---|
| 1 | 1.95 | 8 | 24 | 46.99 | 2 | 47 | 92.02 | 7 |
| 2 | 3.91 | 6 | 25 | 48.95 | 1 | 48 | 93.98 | 5 |
| 3 | 5.87 | 4 | 26 | 50.90 | 9 | 49 | 95.94 | 3 |
| 4 | 7.83 | 2 | 27 | 52.86 | 7 | 50 | 97.90 | 1 |
| 5 | 9.79 | 0 | 28 | 54.82 | 5 | 51 | 99.85 | 9 |
| 6 | 11.74 | 8 | 29 | 56.78 | 3 | 52 | 101.81 | 7 |
| 7 | 13.70 | 6 | 30 | 58.74 | 1 | 53 | 103.77 | 5 |
| 8 | 15.66 | 4 | 31 | 60.69 | 9 | 54 | 105.73 | 3 |
| 9 | 17.62 | 2 | 32 | 62.65 | 7 | 55 | 107.69 | 1 |
| 10 | 19.58 | 0 | 33 | 64.61 | 5 | 56 | 109.64 | 9 |
| 11 | 21.53 | 8 | 34 | 66.57 | 3 | 57 | 111.60 | 7 |
| 12 | 23.49 | 6 | 35 | 68.53 | 1 | 58 | 113.56 | 5 |
| 13 | 25.45 | 4 | 36 | 70.48 | 9 | 59 | 115.52 | 3 |
| 14 | 27.41 | 2 | 37 | 72.44 | 7 | 60 | 117.48 | 1 |
| 15 | 29.37 | 0 | 38 | 74.40 | 5 | 61 | 119.43 | 9 |
| 16 | 31.32 | 8 | 39 | 76.36 | 3 | 62 | 121.39 | 7 |
| 17 | 33.28 | 6 | 40 | 78.32 | 1 | 63 | 123.35 | 5 |
| 18 | 35.24 | 4 | 41 | 80.27 | 9 | 64 | 125.31 | 3 |
| 19 | 37.20 | 2 | 42 | 82.23 | 7 | 65 | 127.27 | 1 |
| 20 | 39.16 | 0 | 43 | 84.19 | 5 | 66 | 129.22 | 9 |
| 21 | 41.11 | 8 | 44 | 86.15 | 3 | 67 | 131.18 | 7 |
| 22 | 43.07 | 6 | 45 | 88.11 | 1 | 68 | 133.14 | 5 |
| 23 | 45.03 | 4 | 46 | 90.06 | 9 | 69 | 135.10 | 3 |

| hect. | arp. | perch. | hect. | arp. | perch. | hect. | arp. | perch |
|---|---|---|---|---|---|---|---|---|
| 70 | 137.06 | 1 | 81 | 158.60 | 0 | 92 | 180.13 | 8 |
| 71 | 139.01 | 9 | 82 | 160.55 | 8 | 93 | 182.09 | 6 |
| 72 | 140.97 | 7 | 83 | 162.51 | 6 | 94 | 184.05 | 4 |
| 73 | 142.95 | 5 | 84 | 164.47 | 4 | 95 | 186.01 | 2 |
| 74 | 144.89 | 3 | 85 | 166.43 | 2 | 96 | 187.97 | 0 |
| 75 | 146.85 | 2 | 86 | 168.39 | 0 | 97 | 189.92 | 8 |
| 76 | 148.81 | 0 | 87 | 170.34 | 8 | 98 | 191.88 | 6 |
| 77 | 150.76 | 8 | 88 | 172.30 | 6 | 99 | 193.84 | 4 |
| 78 | 152.72 | 6 | 89 | 174.26 | 4 | 100 | 195.80 | 2 |
| 79 | 154.68 | 4 | 90 | 176.22 | 2 | | | |
| 80 | 156.64 | 2 | 91 | 178.18 | 0 | | | |

# RÉDUCTION DE L'ARPENT DE 100 PERCHES DE 20 PIEDS DE COTÉ, EN HECTARES, ARES ET CENTIARES CARRÉS.

—

L'arpent contient 40,000 pieds, et la perche 400 pieds carrés.

| arp. | hect. | arp. | hect. | arp. | hect. |
|---|---|---|---|---|---|
| 1 | 0.42 21 | 24 | 10.13 00 | 47 | 19.83 79 |
| 2 | 0.84 42 | 25 | 10.55 21 | 48 | 20.26 00 |
| 3 | 1.26 62 | 26 | 10.97 42 | 49 | 20.68 21 |
| 4 | 1.68 83 | 27 | 11.39 62 | 50 | 21.10 41 |
| 5 | 2.11 04 | 28 | 11.81 83 | 51 | 21.52 62 |
| 6 | 2.53 25 | 29 | 12.24 04 | 52 | 21.94 83 |
| 7 | 2.95 46 | 30 | 12.66 25 | 53 | 22.37 04 |
| 8 | 3.37 67 | 31 | 13.08 46 | 54 | 22.79 25 |
| 9 | 3.79 87 | 32 | 13.50 66 | 55 | 23.21 46 |
| 10 | 4.22 08 | 33 | 13.92 87 | 56 | 23.63 66 |
| 11 | 4.64 29 | 34 | 14.35 08 | 57 | 24.05 87 |
| 12 | 5.06 50 | 35 | 14.77 29 | 58 | 24.48 08 |
| 13 | 5.48 71 | 36 | 15.19 50 | 59 | 24.90 29 |
| 14 | 5.90 92 | 37 | 15.61 71 | 60 | 25.32 50 |
| 15 | 6.33 12 | 38 | 16.03 91 | 61 | 25.74 70 |
| 16 | 6.75 33 | 39 | 16.46 12 | 62 | 26.16 91 |
| 17 | 7.17 54 | 40 | 16.88 33 | 63 | 26.59 12 |
| 18 | 7.59 75 | 41 | 17.30 54 | 64 | 27.01 33 |
| 19 | 8.01 96 | 42 | 17.72 75 | 65 | 27.43 54 |
| 20 | 8.44 17 | 43 | 18.14 96 | 66 | 27.85 75 |
| 21 | 8.86 37 | 44 | 18.57 16 | 67 | 28.27 95 |
| 22 | 9.28 58 | 45 | 18.99 37 | 68 | 28.70 16 |
| 23 | 9.70 79 | 46 | 19.41 58 | 69 | 29.12 37 |

| arp. | hect. | arp. | hect. | arp. | hect. |
|---|---|---|---|---|---|
| 70 | 29.54 58 | 81 | 34.18 87 | 92 | 38.83 16 |
| 71 | 29.96 79 | 82 | 34.61 08 | 93 | 39.25 37 |
| 72 | 30.39 00 | 83 | 35.03 29 | 94 | 39.67 58 |
| 73 | 30.81 20 | 84 | 35.45 50 | 95 | 40.09 79 |
| 74 | 31.23 41 | 85 | 35.87 70 | 96 | 40.51 99 |
| 75 | 31.65 62 | 86 | 36.29 91 | 97 | 40.94 20 |
| 76 | 32.07 83 | 87 | 36.72 21 | 98 | 41.36 41 |
| 77 | 32.50 04 | 88 | 37.14 33 | 99 | 41.78 62 |
| 78 | 32.92 25 | 89 | 37.56 54 | 100 | 42.20 83 |
| 79 | 33.34 45 | 90 | 37.98 74 | 150 | 63.31 24 |
| 80 | 33.76 66 | 91 | 38.40 95 | 200 | 84.41 65 |

# RÉDUCTION DE L'HECTARE EN ARPENS DE 100 PERCHES DE 20 PIEDS CARRÉS.

| hect. | arpens. | hect. | arpens. | hect. | arpens. |
|---|---|---|---|---|---|
| 1 | 2.36 9 | 24 | 56.86 1 | 47 | 111.35 3 |
| 2 | 4.73 8 | 25 | 59.23 0 | 48 | 113.72 2 |
| 3 | 7.10 8 | 26 | 61.59 9 | 49 | 116.09 1 |
| 4 | 9.47 7 | 27 | 63.96 8 | 50 | 118.46 0 |
| 5 | 11.84 6 | 28 | 66.33 8 | 51 | 120.82 9 |
| 6 | 14.21 5 | 29 | 68.70 7 | 52 | 123.19 9 |
| 7 | 16.58 4 | 30 | 71.07 6 | 53 | 125.56 8 |
| 8 | 18.95 4 | 31 | 73.44 5 | 54 | 127.93 7 |
| 9 | 21.32 3 | 32 | 75.81 4 | 55 | 130.30 6 |
| 10 | 23.69 2 | 33 | 78.18 4 | 56 | 132.67 5 |
| 11 | 26.06 1 | 34 | 80.55 3 | 57 | 135.04 5 |
| 12 | 28.43 0 | 35 | 82.92 2 | 58 | 137.41 4 |
| 13 | 30.80 0 | 36 | 85.29 1 | 59 | 139.78 3 |
| 14 | 33.16 9 | 37 | 87.66 9 | 60 | 142.15 2 |
| 15 | 35.53 8 | 38 | 90.03 0 | 61 | 144.52 1 |
| 16 | 37.90 7 | 39 | 92.39 9 | 62 | 146.89 1 |
| 17 | 40.27 6 | 40 | 94.76 8 | 63 | 149.26 0 |
| 18 | 42.64 6 | 41 | 97.13 7 | 64 | 151.62 9 |
| 19 | 45.01 5 | 42 | 99.50 6 | 65 | 153.99 8 |
| 20 | 47.38 4 | 43 | 101.87 6 | 66 | 156.36 7 |
| 21 | 49.75 3 | 44 | 104.24 5 | 67 | 158.73 7 |
| 22 | 52.12 2 | 45 | 106.61 4 | 68 | 161.10 6 |
| 23 | 54.49 2 | 46 | 108.98 3 | 69 | 163.47 5 |

| hect. | arpens. | | hect. | arpens. | | hect. | arpens. | |
|---|---|---|---|---|---|---|---|---|
| 70 | 165.84 | 4 | 81 | 191.90 | 5 | 92 | 217.96 | 7 |
| 71 | 168.21 | 3 | 82 | 194.27 | 5 | 93 | 220.33 | 6 |
| 72 | 170.58 | 3 | 83 | 196.64 | 4 | 94 | 222.70 | 5 |
| 73 | 172.95 | 2 | 84 | 199.01 | 3 | 95 | 225.07 | 4 |
| 74 | 175.32 | 1 | 85 | 201.38 | 2 | 96 | 227.44 | 4 |
| 75 | 177.69 | 0 | 86 | 203.75 | 1 | 97 | 229.81 | 3 |
| 76 | 180.05 | 9 | 87 | 206.12 | 1 | 98 | 232.18 | 2 |
| 77 | 182.42 | 9 | 88 | 208.49 | 0 | 99 | 234.55 | 1 |
| 78 | 184.79 | 8 | 89 | 210.85 | 9 | 100 | 236.92 | 1 |
| 79 | 187.16 | 7 | 90 | 213.22 | 8 | 200 | 473.84 | 1 |
| 30 | 189.53 | 6 | 91 | 215.59 | 8 | 500 | 1184.60 | 3 |

# RÉDUCTION DE L'ARPENT DE 100 PERCHES DE 18 PIEDS DE COTÉ, EN HECTARES, ARES ET CENTIARES.

—

L'arpent contient 32,400 pieds, et la perche 324 pieds carrés.

| arp. | hect. | arp. | hect. | arp. | hect. |
|---|---|---|---|---|---|
| 1 | 0.34 19 | 24 | 8.20 53 | 47 | 16.06 87 |
| 2 | 0.68 38 | 25 | 8.54 72 | 48 | 16.41 06 |
| 3 | 1.02 57 | 26 | 8.88 90 | 49 | 16.75 24 |
| 4 | 1.36 75 | 27 | 9.23 09 | 50 | 17.09 43 |
| 5 | 1.70 94 | 28 | 9.57 28 | 51 | 17.43 62 |
| 6 | 2.05 13 | 29 | 9.91 47 | 52 | 17.77 81 |
| 7 | 2.39 32 | 30 | 10.25 66 | 53 | 18.12 00 |
| 8 | 2.73 51 | 31 | 10.59 85 | 54 | 18.46 19 |
| 9 | 3.07 70 | 32 | 10.94 04 | 55 | 18.80 38 |
| 10 | 3.41 89 | 33 | 11.28 22 | 56 | 19.14 56 |
| 11 | 3.76 07 | 34 | 11.62 41 | 57 | 19.48 75 |
| 12 | 4.10 26 | 35 | 11.96 60 | 58 | 19.82 94 |
| 13 | 4.44 45 | 36 | 12.30 79 | 59 | 20.17 13 |
| 14 | 4.78 64 | 37 | 12.64 98 | 60 | 20.51 32 |
| 15 | 5.12 83 | 38 | 12.99 17 | 61 | 20.85 51 |
| 16 | 5.47 02 | 39 | 13.33 36 | 62 | 21.19 70 |
| 17 | 5.81 21 | 40 | 13.67 55 | 63 | 21.53 88 |
| 18 | 6.15 39 | 41 | 14.01 73 | 64 | 21.88 07 |
| 19 | 6.49 58 | 42 | 14.35 92 | 65 | 22.22 26 |
| 20 | 6.83 77 | 43 | 14.70 11 | 66 | 22.56 45 |
| 21 | 7.17 96 | 44 | 15.04 30 | 67 | 22.90 64 |
| 22 | 7.52 15 | 45 | 15.38 49 | 68 | 23.24 83 |
| 23 | 7.80 34 | 46 | 15.72 68 | 69 | 23.59 02 |

| arp. | hect. | | arp. | hect. | | arp. | hect. | |
|---|---|---|---|---|---|---|---|---|
| 70 | 23.93 | 21 | 81 | 27.69 | 28 | 92 | 31.45 | 36 |
| 71 | 24.27 | 39 | 82 | 28.03 | 47 | 93 | 31.79 | 54 |
| 72 | 24.61 | 58 | 83 | 28.37 | 66 | 94 | 32.13 | 73 |
| 73 | 24.95 | 77 | 84 | 28.71 | 85 | 95 | 32.47 | 92 |
| 74 | 25.29 | 96 | 85 | 29.06 | 04 | 96 | 32.82 | 11 |
| 75 | 25.64 | 15 | 86 | 29.40 | 22 | 97 | 33.16 | 30 |
| 76 | 25.98 | 33 | 87 | 29.74 | 41 | 98 | 33.50 | 49 |
| 77 | 26.32 | 53 | 88 | 30.08 | 60 | 99 | 33.84 | 68 |
| 78 | 26.66 | 72 | 89 | 30.42 | 79 | 100 | 34.18 | 87 |
| 79 | 27.00 | 99 | 90 | 30.76 | 98 | 150 | 51.28 | 30 |
| 80 | 27.35 | 09 | 91 | 31.11 | 17 | 200 | 68.37 | 74 |

# RÉDUCTION DE L'HECTARE EN ARPENS DE 100 PERCHES DE 18 PIEDS DE COTÉ.

| hect. | arpens. | hect. | arpens. | hect. | arpens. |
|---|---|---|---|---|---|
| 1 | 2.92 5 | 24 | 70.19 9 | 47 | 137.47 2 |
| 2 | 5.85 0 | 25 | 73.12 4 | 48 | 140.39 7 |
| 3 | 8.77 5 | 26 | 76.04 9 | 49 | 143.32 2 |
| 4 | 11.70 0 | 27 | 78.97 3 | 50 | 146.24 7 |
| 5 | 14.62 5 | 28 | 81.89 8 | 51 | 149.17 2 |
| 6 | 17.55 0 | 29 | 84.82 3 | 52 | 152.09 7 |
| 7 | 20.47 5 | 30 | 87.74 8 | 53 | 155.02 2 |
| 8 | 23.40 0 | 31 | 90.67 3 | 54 | 157.94 7 |
| 9 | 26.32 4 | 32 | 93.59 8 | 55 | 160.87 2 |
| 10 | 29.24 9 | 33 | 96.52 3 | 56 | 163.79 7 |
| 11 | 32.17 4 | 34 | 99.44 8 | 57 | 166.72 2 |
| 12 | 35.09 9 | 35 | 102.37 3 | 58 | 169.64 7 |
| 13 | 38.02 4 | 36 | 105.29 8 | 59 | 172.57 2 |
| 14 | 40.94 9 | 37 | 108.22 3 | 60 | 175.49 7 |
| 15 | 43.87 4 | 38 | 111.14 8 | 61 | 178.42 1 |
| 16 | 46.79 9 | 39 | 114.07 3 | 62 | 181.34 6 |
| 17 | 49.72 4 | 40 | 116.99 8 | 63 | 184.27 1 |
| 18 | 52.64 9 | 41 | 119.92 3 | 64 | 187.19 6 |
| 19 | 55.57 4 | 42 | 122.84 8 | 65 | 190.12 1 |
| 20 | 58.49 9 | 43 | 125.77 3 | 66 | 193.04 6 |
| 21 | 61.42 4 | 44 | 128.69 8 | 67 | 105.97 1 |
| 22 | 64.34 9 | 45 | 131.62 2 | 68 | 198.89 6 |
| 23 | 67.27 4 | 46 | 134.54 7 | 69 | 201.82 1 |

# MESURES AGRAIRES.

| hect. | arpens. | hect. | arpens. | hect. | arpens. |
|---|---|---|---|---|---|
| 70 | 204.74 6 | 81 | 236.92 0 | 92 | 269.09 5 |
| 71 | 207.67 1 | 82 | 239.84 5 | 93 | 272.02 0 |
| 72 | 210.59 6 | 83 | 242.77 0 | 94 | 274.94 5 |
| 73 | 213.52 1 | 84 | 245.69 5 | 95 | 277.86 9 |
| 74 | 216.44 6 | 85 | 248.62 0 | 96 | 280.79 4 |
| 75 | 219.37 1 | 86 | 251.54 5 | 97 | 283.71 9 |
| 76 | 222.29 6 | 87 | 254.47 0 | 98 | 286.64 4 |
| 77 | 225.22 1 | 88 | 257.39 5 | 99 | 289.57 0 |
| 78 | 228.14 5 | 89 | 260.32 0 | 100 | 292.49 4 |
| 79 | 231.07 0 | 90 | 263.24 5 | 150 | 438.74 1 |
| 80 | 233.99 5 | 91 | 266.17 0 | 200 | 584.98 8 |

# MESURES TOPOGRAPHIQUES.

## RÉDUCTION DES LIEUES EN MYRIAMÈTRES, KILOMÈTRES ET MÈTRES.

### LIEUES DE POSTE EN MYRIAMÈTRES, KILOMÈTRES ET MÈTRES.

| lie. | my. | ki. mêt. | lie. | my. | ki. mêt. | lie. | my. | ki. mêt. |
|---|---|---|---|---|---|---|---|---|
| 1 | » | 3.898 | 18 | 7 | 0.165 | 35 | 13 | 6.433 |
| 2 | » | 7.796 | 19 | 7 | 4.063 | 36 | 14 | 0.331 |
| 3 | 1 | 1.694 | 20 | 7 | 7.962 | 37 | 14 | 4.229 |
| 4 | 1 | 5.592 | 21 | 8 | 1.860 | 38 | 14 | 8.127 |
| 5 | 1 | 9.490 | 22 | 8 | 5.758 | 39 | 15 | 2.025 |
| 6 | 2 | 3.388 | 23 | 8 | 9.656 | 40 | 15 | 5.923 |
| 7 | 2 | 7.287 | 24 | 9 | 3.554 | 41 | 15 | 9.821 |
| 8 | 3 | 1.185 | 25 | 9 | 7.452 | 42 | 16 | 3.719 |
| 9 | 3 | 5.083 | 26 | 10 | 1.350 | 43 | 16 | 7.617 |
| 10 | 3 | 8.981 | 27 | 10 | 5.248 | 44 | 17 | 1.515 |
| 11 | 4 | 2.879 | 28 | 10 | 9.146 | 45 | 17 | 5.413 |
| 12 | 4 | 6.777 | 29 | 11 | 3.044 | 46 | 17 | 9.311 |
| 13 | 5 | 0.675 | 30 | 11 | 6.943 | 47 | 18 | 3.209 |
| 14 | 5 | 4.573 | 31 | 12 | 0.841 | 48 | 18 | 7.107 |
| 15 | 5 | 8.471 | 32 | 12 | 4.739 | 49 | 19 | 1.005 |
| 16 | 6 | 2.369 | 33 | 12 | 8.637 | 50 | 19 | 4.903 |
| 17 | 6 | 6.267 | 34 | 13 | 2.535 | 100 | 38 | 9.810 |

# LIEUES DE 25 AU DEGRE EN MYRIAMÈTRES, KILOMÈTRES ET MÈTRES.

| lie. | my. | ki. mèt. | lie. | my. | ki. mèt. | lie. | my. | kl. mèt. |
|---|---|---|---|---|---|---|---|---|
| 1 | » | 4.444 | 18 | 8 | 0.000 | 35 | 15 | 5.556 |
| 2 | » | 8.889 | 19 | 8 | 4.444 | 36 | 16 | 0.000 |
| 3 | 1 | 3.333 | 20 | 8 | 8.889 | 37 | 16 | 4.444 |
| 4 | 1 | 7.778 | 21 | 9 | 3.333 | 38 | 16 | 8.889 |
| 5 | 2 | 2.222 | 22 | 9 | 7.778 | 39 | 17 | 3.333 |
| 6 | 2 | 6.667 | 23 | 10 | 2.222 | 40 | 17 | 7.778 |
| 7 | 3 | 1.111 | 24 | 10 | 2.667 | 41 | 18 | 2.222 |
| 8 | 3 | 5.566 | 25 | 11 | 1.111 | 42 | 18 | 6.667 |
| 9 | 4 | 0.000 | 26 | 11 | 5.556 | 43 | 19 | 1.111 |
| 10 | 4 | 4.444 | 27 | 12 | 0.000 | 44 | 19 | 5.556 |
| 11 | 4 | 8.889 | 28 | 12 | 4.444 | 45 | 20 | 0.000 |
| 12 | 5 | 3.333 | 29 | 12 | 8.889 | 46 | 20 | 4.444 |
| 13 | 5 | 7.778 | 30 | 13 | 3.333 | 47 | 20 | 8.889 |
| 14 | 6 | 2.222 | 31 | 13 | 7.778 | 48 | 21 | 3.333 |
| 15 | 6 | 6.667 | 32 | 14 | 2.222 | 49 | 21 | 7.778 |
| 16 | 7 | 1.111 | 33 | 14 | 6.667 | 50 | 22 | 2.222 |
| 17 | 7 | 5.556 | 34 | 15 | 1.111 | 100 | 44 | 44.45 |

# LIEUES DE 20 AU DEGRÉ EN MYRIAMÈTRES, KILOMÈTRES ET MÈTRES.

| myr. | kil. | mèt. | myr. | kil. | mèt. | myr. | kil. | mèt. |
|---|---|---|---|---|---|---|---|---|
| 1 | » | 5.556 | 18 | 10 | 0.000 | 35 | 19 | 4.444 |
| 2 | 1 | 1.111 | 19 | 10 | 5.556 | 36 | 20 | 0.000 |
| 3 | 1 | 6.667 | 20 | 11 | 1.111 | 37 | 20 | 5.556 |
| 4 | 2 | 2.222 | 21 | 11 | 6.667 | 38 | 21 | 1.111 |
| 5 | 2 | 7.778 | 22 | 12 | 2.222 | 39 | 21 | 6.667 |
| 6 | 3 | 3.333 | 23 | 12 | 7.778 | 40 | 22 | 2.222 |
| 7 | 3 | 8.889 | 24 | 13 | 3.333 | 41 | 22 | 7.778 |
| 8 | 4 | 4.444 | 25 | 13 | 8.889 | 42 | 23 | 3.333 |
| 9 | 5 | 0.000 | 26 | 14 | 4.444 | 43 | 23 | 3.889 |
| 10 | 5 | 5.556 | 27 | 15 | 0.000 | 44 | 24 | 4.444 |
| 11 | 6 | 1.111 | 28 | 15 | 5.556 | 45 | 25 | 0.000 |
| 12 | 6 | 6.667 | 29 | 16 | 1.111 | 46 | 25 | 5.556 |
| 13 | 7 | 2.222 | 30 | 16 | 6.667 | 47 | 26 | 1.111 |
| 14 | 7 | 7.778 | 31 | 17 | 2.222 | 48 | 26 | 6.667 |
| 15 | 8 | 3.333 | 32 | 17 | 7.778 | 49 | 27 | 2.222 |
| 16 | 8 | 3.889 | 33 | 18 | 3.333 | 50 | 27 | 7.778 |
| 17 | 9 | 4.444 | 34 | 18 | 8.889 | 100 | 55 | 5.556 |

# RÉDUCTION DES MYRIAMÈTRES EN LIEUES.

## MYRIAMÈTRES EN LIEUS DE POSTE.

| myr. | lieues. | myr. | lieues. | myr. | lieues. |
|---|---|---|---|---|---|
| 1 | 2.565 | 18 | 46.177 | 35 | 89.789 |
| 2 | 5.131 | 19 | 48.743 | 36 | 92.354 |
| 3 | 7.696 | 20 | 51.308 | 37 | 94.920 |
| 4 | 10.261 | 21 | 53.873 | 38 | 97.485 |
| 5 | 12.827 | 22 | 56.438 | 39 | 100.051 |
| 6 | 15.392 | 23 | 59.004 | 40 | 102.616 |
| 7 | 17.958 | 24 | 61.570 | 41 | 105.181 |
| 8 | 20.523 | 25 | 64.135 | 42 | 107.747 |
| 9 | 23.088 | 26 | 66.700 | 43 | 110.312 |
| 10 | 25.654 | 27 | 69.266 | 44 | 112.878 |
| 11 | 28.219 | 28 | 71.831 | 45 | 115.443 |
| 12 | 30.785 | 29 | 74.397 | 46 | 118.008 |
| 13 | 33.350 | 30 | 76.962 | 47 | 120.574 |
| 14 | 35.916 | 31 | 79.527 | 48 | 123.139 |
| 15 | 38.481 | 32 | 82.093 | 49 | 125.705 |
| 16 | 41.046 | 33 | 84.658 | 50 | 128.270 |
| 17 | 43.612 | 34 | 87.224 | 100 | 256.540 |

# LIEUES DE 25 AU DEGRÉ.

| myr. | lieues. | myr. | lieues. | myr | lieues. |
|---|---|---|---|---|---|
| 1 | 2.25 | 18 | 40.50 | 35 | 78.75 |
| 2 | 4.50 | 19 | 42.75 | 36 | 81.00 |
| 3 | 6.75 | 20 | 45.00 | 37 | 83.25 |
| 4 | 9.00 | 21 | 47.25 | 38 | 85.50 |
| 5 | 11.25 | 22 | 49.50 | 39 | 87.75 |
| 6 | 13.50 | 23 | 51.75 | 40 | 90.00 |
| 7 | 15.75 | 24 | 54.00 | 41 | 92.25 |
| 8 | 18.00 | 25 | 56.25 | 42 | 94.50 |
| 9 | 20.25 | 26 | 58.50 | 43 | 96.75 |
| 10 | 22.50 | 27 | 60 75 | 44 | 99.00 |
| 11 | 24.75 | 28 | 63.00 | 45 | 101.25 |
| 12 | 27.00 | 29 | 65.25 | 46 | 103.50 |
| 13 | 29.25 | 30 | 67.50 | 47 | 105.75 |
| 14 | 31.50 | 31 | 69.75 | 48 | 108.00 |
| 15 | 33.75 | 32 | 72.00 | 49 | 110.25 |
| 16 | 36.00 | 33 | 74.25 | 50 | 112.50 |
| 17 | 38.25 | 34 | 76.50 | 100 | 225.00 |

## LIEUES DE 20 AU DEGRÉ.

| myr. | lieues. | myr. | lieues. | myr. | lieues. |
|---|---|---|---|---|---|
| 1 | 1.8 | 18 | 32.4 | 35 | 63.0 |
| 2 | 3.6 | 19 | 34.2 | 36 | 64.8 |
| 3 | 5.4 | 20 | 36.0 | 37 | 66.6 |
| 4 | 7.2 | 21 | 37.8 | 38 | 68.4 |
| 5 | 9.0 | 22 | 39.6 | 39 | 70.2 |
| 6 | 10.8 | 23 | 41.4 | 40 | 72.0 |
| 7 | 12.6 | 24 | 43.2 | 41 | 73.8 |
| 8 | 14.4 | 25 | 45.0 | 42 | 75.6 |
| 9 | 16.2 | 26 | 46.8 | 43 | 77.4 |
| 10 | 18.0 | 27 | 48.6 | 44 | 79.2 |
| 11 | 19.8 | 28 | 50.4 | 45 | 81.0 |
| 12 | 21.6 | 29 | 52.2 | 46 | 82.8 |
| 13 | 23.4 | 30 | 54.0 | 47 | 84.6 |
| 14 | 25.2 | 31 | 55.8 | 48 | 86.4 |
| 15 | 27.0 | 32 | 57.6 | 49 | 88.2 |
| 16 | 28.8 | 33 | 59.4 | 50 | 90.0 |
| 17 | 30.6 | 34 | 61.2 | 100 | 180.0 |

# MESURES DE CAPACITÉ.

## RÉDUCTION DES MESURES DE CAPACITÉ POUR LES LIQUIDES.

### 1° PINTES DE PARIS EN LITRES.

| pint. | hect. | lit. cent. | pint. | hect. | lit. cent. | pint. | hect. | lit. cent. |
|---|---|---|---|---|---|---|---|---|
| 1 | » | 0.93 | 17 | » | 15.83 | 33 | » | 30.73 |
| 2 | » | 1.86 | 18 | » | 16.76 | 34 | » | 31.66 |
| 3 | » | 2.79 | 19 | » | 17.69 | 35 | » | 32.60 |
| 4 | » | 3.73 | 20 | » | 18.63 | 36 | » | 33.53 |
| 5 | » | 4.66 | 21 | » | 19.56 | 37 | » | 34.46 |
| 6 | » | 5.59 | 22 | » | 20.49 | 38 | » | 35.39 |
| 7 | » | 6.52 | 23 | » | 21.43 | 39 | » | 36.33 |
| 8 | » | 7.45 | 24 | » | 22.35 | 40 | » | 37.26 |
| 9 | » | 8.38 | 25 | » | 23.28 | 41 | » | 38.19 |
| 10 | » | 9.31 | 26 | » | 24.21 | 42 | » | 39.12 |
| 11 | » | 10.24 | 27 | » | 25.14 | 43 | » | 40.05 |
| 12 | » | 11.17 | 28 | » | 26.07 | 44 | » | 40.98 |
| 13 | » | 12.11 | 29 | » | 27.01 | 45 | v | 41.91 |
| 14 | » | 13.04 | 30 | » | 27.94 | 46 | » | 42.84 |
| 15 | » | 13.97 | 31 | » | 28.87 | 47 | » | 43.78 |
| 16 | » | 14.90 | 32 | » | 29.71 | 48 | » | 44.71 |

| pint. | hect. | lit. cent. | pint. | hect. | lit. cent. | pint. | hect. | lit. cent. |
|---|---|---|---|---|---|---|---|---|
| 49 | » | 45.64 | 78 | » | 72.65 | 170 | 1 | 58.32 |
| 50 | » | 46.57 | 79 | » | 73.58 | 180 | 1 | 67.64 |
| 51 | » | 47.50 | 80 | » | 74.51 | 190 | 1 | 76.95 |
| 52 | » | 48.43 | 81 | » | 75.44 | 200 | 1 | 86.26 |
| 53 | » | 49.36 | 82 | » | 76.37 | 210 | 1 | 95.58 |
| 54 | » | 50.29 | 83 | » | 77.30 | 220 | 2 | 04.89 |
| 55 | » | 51.22 | 84 | » | 78.23 | 230 | 2 | 14.20 |
| 56 | » | 52.15 | 85 | » | 79.16 | 240 | 2 | 23.52 |
| 57 | » | 53.08 | 86 | » | 80.10 | 250 | 2 | 32.83 |
| 58 | » | 54.01 | 87 | » | 81.03 | 260 | 2 | 42.14 |
| 59 | » | 54.94 | 88 | » | 81.96 | 270 | 2 | 51.46 |
| 60 | » | 55.88 | 89 | » | 82.89 | 280 | 2 | 60.77 |
| 61 | » | 56.81 | 90 | » | 83.82 | 290 | 2 | 70.08 |
| 62 | » | 57.74 | 91 | » | 84.75 | 300 | 2 | 79.39 |
| 63 | » | 58.67 | 92 | » | 85.69 | 350 | 3 | 25.96 |
| 64 | » | 59.60 | 93 | » | 86.62 | 400 | 3 | 72.53 |
| 65 | » | 60.54 | 94 | » | 87.55 | 450 | 4 | 19.10 |
| 66 | » | 61.47 | 95 | » | 88.48 | 500 | 4 | 65.66 |
| 67 | » | 62.40 | 96 | » | 89.41 | 550 | 5 | 12.23 |
| 68 | » | 63.33 | 97 | » | 90.34 | 600 | 5 | 58.79 |
| 69 | » | 64.26 | 98 | » | 91.27 | 650 | 6 | 05.36 |
| 70 | » | 65.19 | 99 | » | 92.20 | 700 | 6 | 51.92 |
| 71 | » | 66.13 | 100 | » | 93.13 | 750 | 6 | 98.49 |
| 72 | » | 67.06 | 110 | 1 | 02.44 | 800 | 7 | 45.05 |
| 73 | » | 67.99 | 120 | 1 | 11.76 | 850 | 7 | 91.62 |
| 74 | » | 68.92 | 130 | 1 | 21.07 | 900 | 8 | 38.19 |
| 75 | » | 69.85 | 140 | 1 | 30.38 | 950 | 8 | 84.76 |
| 76 | » | 70.78 | 150 | 1 | 39.70 | 1000 | 9 | 31.37 |
| 77 | » | 71.72 | 160 | 1 | 49.01 | | | |

## 2· RÉDUCTION DES LITRES EN PINTES DE PARIS.

| litres. | pintes. | litres. | pintes. | litres. | pintes. |
|---|---|---|---|---|---|
| 1 | 1.07 | 28 | 30.07 | 55 | 59.06 |
| 2 | 2.15 | 29 | 31.14 | 56 | 60.13 |
| 3 | 3.22 | 30 | 32.21 | 57 | 61.20 |
| 4 | 4.29 | 31 | 33.29 | 58 | 62.28 |
| 5 | 5.37 | 32 | 34.35 | 59 | 63.35 |
| 6 | 6.44 | 33 | 35.43 | 60 | 64.42 |
| 7 | 7.52 | 34 | 36.51 | 61 | 65.50 |
| 8 | 8.59 | 35 | 37.58 | 62 | 66.57 |
| 9 | 9.66 | 36 | 38.65 | 63 | 67.65 |
| 10 | 10.74 | 37 | 39.73 | 64 | 68.72 |
| 11 | 11.81 | 38 | 40.80 | 65 | 69.80 |
| 12 | 12.88 | 39 | 41.88 | 66 | 70.87 |
| 13 | 13.96 | 40 | 42.95 | 67 | 71.94 |
| 14 | 15.03 | 41 | 44.02 | 68 | 73.01 |
| 15 | 16.11 | 42 | 45.10 | 69 | 74.09 |
| 16 | 17.18 | 43 | 46.17 | 70 | 75.16 |
| 17 | 18.25 | 44 | 47.24 | 71 | 76.24 |
| 18 | 19.33 | 45 | 48.32 | 72 | 77.31 |
| 19 | 20.40 | 46 | 49.39 | 73 | 78.38 |
| 20 | 21.48 | 47 | 50.47 | 74 | 79.46 |
| 21 | 22.55 | 48 | 51.54 | 75 | 80.53 |
| 22 | 23.62 | 49 | 52.61 | 76 | 81.60 |
| 23 | 24.70 | 50 | 53.69 | 77 | 82.68 |
| 24 | 25.77 | 51 | 54.76 | 78 | 83.75 |
| 25 | 26.84 | 52 | 55.83 | 79 | 84.83 |
| 26 | 27.92 | 53 | 56.91 | 80 | 85.90 |
| 27 | 28.99 | 54 | 57.98 | 81 | 86.97 |

| litres. | pintes. | litres. | pintes. | litres. | pintes. |
|---|---|---|---|---|---|
| 82 | 88.05 | 100 | 107.37 | 280 | 300.65 |
| 83 | 89.12 | 110 | 118.11 | 290 | 311.39 |
| 84 | 90.19 | 120 | 128.85 | 300 | 322.12 |
| 85 | 91.26 | 130 | 139.59 | 350 | 375.81 |
| 86 | 92.34 | 140 | 150·32 | 400 | 429.50 |
| 87 | 93.42 | 150 | 161.06 | 450 | 483.19 |
| 88 | 94.49 | 160 | 171.80 | 500 | 536.87 |
| 89 | 95.56 | 170 | 182.54 | 550 | 590.56 |
| 90 | 96.64 | 180 | 193.27 | 600 | 644.25 |
| 91 | 97.71 | 190 | 204.01 | 650 | 698.04 |
| 92 | 98.78 | 200 | 214.75 | 700 | 751.62 |
| 93 | 99.86 | 210 | 225.49 | 750 | 805.31 |
| 94 | 100.93 | 220 | 236.23 | 800 | 859.00 |
| 95 | 102.01 | 230 | 246.96 | 850 | 912.68 |
| 96 | 103.08 | 240 | 257.70 | 900 | 966.37 |
| 97 | 104.15 | 250 | 268.44 | 950 | 1020.06 |
| 98 | 105.23 | 260 | 279.18 | 1000 | 1073.74 |
| 99 | 106.30 | 270 | 289.90 | | |

# RÉDUCTION DES MESURES DE CAPA-CITÉ POUR LES MATIÈRES SÈCHES.

Les mesures de capacité pour les matières sèches, présentent, ainsi que celles de superficie, une si grande variété, qu'il nous serait impossible de donner des tableaux qui puissent s'appliquer à chaque localité. Nous donnons seulement la réduction de ces mesures en usage à Paris.

## 1º LITRONS DE PARIS EN LITRES.

Il faut 16 litrons pour un boisseau.

| litrons. | litres. | litrons. | litres. | litrons. | litres. |
|---|---|---|---|---|---|
| 1 | 0.813 | 7 | 5.691 | 13 | 10.569 |
| 2 | 1.626 | 8 | 6.504 | 14 | 11.382 |
| 3 | 2.439 | 9 | 7.317 | 15 | 12.195 |
| 4 | 3.252 | 10 | 8.130 | 16 | 13.008 |
| 5 | 4.065 | 11 | 8.943 | | |
| 6 | 4.878 | 12 | 9.756 | | |

## 2º BOISSEAUX DE PARIS EN LITRES.

Il faut 12 boisseaux pour un setier de grains.
16 boisseaux pour un setier de sel.
24 boisseaux pour un setier d'avoine.
32 boisseaux pour un setier de charbon.

| boiss. | litres. | boiss. | litres. | boiss. | litres. |
|---|---|---|---|---|---|
| 1 | 13.01 | 12 | 156.10 | 23 | 299.19 |
| 2 | 26.02 | 13 | 169.11 | 24 | 312.20 |
| 3 | 39.02 | 14 | 182.12 | 25 | 325.21 |
| 4 | 52.03 | 15 | 195.12 | 26 | 338.22 |
| 5 | 65.04 | 16 | 208.13 | 27 | 351.22 |
| 6 | 78.05 | 17 | 221.14 | 28 | 364.23 |
| 7 | 91.06 | 18 | 234.15 | 29 | 377.24 |
| 8 | 104.07 | 19 | 247.16 | 30 | 390.25 |
| 9 | 117.08 | 20 | 260.17 | 31 | 403.26 |
| 10 | 130.08 | 21 | 273.17 | 32 | 416.27 |
| 11 | 143.09 | 22 | 286.18 | | |

## 3° SETIERS DE PARIS EN HECTOLITRES.

— —

Il faut 12 setiers pour un muid de grains, sel ou avoine, et 10 setiers pour un muid de charbon.

| GRAINS. | | SEL. | | AVOINE. | | CHARBON. | |
|---|---|---|---|---|---|---|---|
| setiers. | hect. | setiers. | hect. | setiers. | hect. | setiers. | hect. |
| 1 | 1.56 | 1 | 2.08 | 1 | 3.12 | 1 | 4.16 |
| 2 | 3.12 | 2 | 4.16 | 2 | 6.24 | 2 | 8.33 |
| 3 | 4.68 | 3 | 6.24 | 3 | 9.37 | 3 | 12.49 |
| 4 | 6.24 | 4 | 8.33 | 4 | 12.49 | 4 | 16.65 |
| 5 | 7.80 | 5 | 10.41 | 5 | 15.61 | 5 | 20.81 |
| 6 | 9.37 | 6 | 12.49 | 6 | 18.73 | 6 | 24.98 |
| 7 | 10.93 | 7 | 14.57 | 7 | 21.85 | 7 | 29.14 |
| 8 | 12.49 | 8 | 16.65 | 8 | 24.98 | 8 | 33.30 |
| 9 | 14.05 | 9 | 18.73 | 9 | 28.10 | 9 | 37.46 |
| 10 | 15.61 | 10 | 20.81 | 10 | 31.22 | 10 | 41.63 |
| 11 | 17.17 | 11 | 22.89 | 11 | 34.34 | 11 | 45.79 |
| 12 | 18.73 | 12 | 24.98 | 12 | 37.46 | 12 | 49.95 |
| 13 | 20.29 | 13 | 27.06 | 13 | 40.59 | 13 | 54.14 |
| 14 | 21.86 | 14 | 29.14 | 14 | 43.71 | 14 | 58.28 |
| 15 | 23.32 | 15 | 31.22 | 15 | 46.83 | 15 | 62.44 |
| 16 | 24.99 | 16 | 33.30 | 16 | 49.95 | 16 | 66.60 |
| 17 | 26.54 | 17 | 35.38 | 17 | 53.07 | 17 | 70.77 |
| 18 | 28.10 | 18 | 37.46 | 18 | 56.20 | 18 | 74.93 |
| 19 | 29.66 | 19 | 39.55 | 19 | 59.32 | 19 | 79.09 |
| 20 | 31.22 | 20 | 41.63 | 20 | 62.44 | 20 | 83.25 |
| 21 | 32.78 | 21 | 43.71 | 21 | 65.56 | 21 | 87.42 |
| 22 | 34.34 | 22 | 45.79 | 22 | 68.68 | 22 | 91.58 |
| 23 | 35.90 | 23 | 47.87 | 23 | 71.81 | 23 | 95.74 |
| 24 | 37.46 | 24 | 49.95 | 24 | 74.93 | 24 | 99.90 |

| GRAINS. | | SEL. | | AVOINE. | | CHARBON. | |
|---|---|---|---|---|---|---|---|
| setiers. | hect. | setiers. | hect. | setiers. | hect. | setiers. | hect. |
| 25 | 39.02 | 25 | 52.05 | 25 | 78.05 | 25 | 104.07 |
| 26 | 40.50 | 26 | 54.11 | 26 | 81.17 | 26 | 108.23 |
| 27 | 42.15 | 27 | 56.20 | 27 | 84.29 | 27 | 112.39 |
| 28 | 43.71 | 28 | 58.28 | 28 | 87.42 | 28 | 116.55 |
| 29 | 45.27 | 29 | 60.36 | 29 | 90.54 | 29 | 120.72 |
| 30 | 46.83 | 30 | 62.44 | 30 | 93.66 | 30 | 124.88 |
| 31 | 48.39 | 31 | 64.52 | 31 | 96.78 | 31 | 129.04 |
| 32 | 49.95 | 32 | 66.60 | 32 | 99.90 | 32 | 133.20 |
| 33 | 51.51 | 33 | 68.68 | 33 | 103.03 | 33 | 137.37 |
| 34 | 53.07 | 34 | 70.77 | 34 | 106.15 | 34 | 141.53 |
| 35 | 54.63 | 35 | 72.85 | 35 | 109.27 | 35 | 145.69 |
| 36 | 56.19 | 36 | 74.93 | 36 | 112.39 | 36 | 149.86 |
| 37 | 57.76 | 37 | 77.01 | 37 | 115.51 | 37 | 154.02 |
| 38 | 59.32 | 38 | 79.09 | 38 | 118.64 | 38 | 158.18 |
| 39 | 60.88 | 39 | 81.17 | 39 | 121.76 | 39 | 162.34 |
| 40 | 62.44 | 40 | 83.25 | 40 | 124.88 | 40 | 166.51 |
| 41 | 64.00 | 41 | 85.33 | 41 | 128.00 | 41 | 170.67 |
| 42 | 65.56 | 42 | 87.42 | 42 | 131.12 | 42 | 174.83 |
| 43 | 67.12 | 43 | 89.50 | 43 | 134.25 | 43 | 178.99 |
| 44 | 68.68 | 44 | 91.58 | 44 | 137.37 | 44 | 183.16 |
| 45 | 70.24 | 45 | 93.66 | 45 | 140.49 | 45 | 187.32 |
| 46 | 71.81 | 46 | 95.74 | 46 | 143.61 | 46 | 191.48 |
| 47 | 73.37 | 47 | 97.82 | 47 | 146.73 | 47 | 195.64 |
| 48 | 74.93 | 48 | 99.90 | 48 | 149.86 | 48 | 199.81 |
| 49 | 76.49 | 49 | 101.99 | 49 | 152.98 | 49 | 203.97 |
| 50 | 78.05 | 50 | 104.07 | 50 | 156.10 | 50 | 208.13 |
| 100 | 156.10 | 100 | 208.13 | 100 | 312.20 | 100 | 416.26 |

# RÉDUCTION DES LITRES ET HECTO-LITRES EN LITRONS, BOISSEAUX ET SETIERS DE PARIS.

## 1° LITRES EN LITRONS.

| litres. | litrons. | litres. | litrons. | litres. | litrons. |
|---|---|---|---|---|---|
| 1 | 1.23 | 5 | 6.15 | 9 | 11.07 |
| 2 | 2.46 | 6 | 7.38 | 10 | 12.30 |
| 3 | 3.69 | 7 | 8.61 | | |
| 4 | 4.92 | 8 | 9.64 | | |

## 2° LITRES EN BOISSEAUX.

—

| litres. | boiss. | litres. | boiss. | litres. | boiss. |
|---|---|---|---|---|---|
| 10 | 0.769 | 50 | 3.844 | 90 | 6.918 |
| 20 | 1.537 | 60 | 4.612 | 100 | 7.687 |
| 30 | 2.306 | 70 | 5.381 | | |
| 40 | 3.075 | 80 | 6.150 | | |

## 3° HECTOLITRES EN SETIERS.

| GRAINS. | | SEL. | | AVOINE. | | CHARBON. | |
|---|---|---|---|---|---|---|---|
| hect. | setiers. | hect. | setiers. | hect. | setiers. | hect. | setiers. |
| 1 | 0.641 | 1 | 0.480 | 1 | 0.320 | 1 | 0.240 |
| 2 | 1.281 | 2 | 0,961 | 2 | 0.641 | 2 | 0.480 |
| 3 | 1.922 | 3 | 1.444 | 3 | 0.961 | 3 | 0.721 |
| 4 | 2.562 | 4 | 1.922 | 4 | 1.281 | 4 | 0.961 |
| 5 | 3.203 | 5 | 2.402 | 5 | 1.602 | 5 | 1.201 |
| 6 | 3.844 | 6 | 2.882 | 6 | 1.922 | 6 | 1.441 |
| 7 | 4.484 | 7 | 3.363 | 7 | 2.242 | 7 | 1.682 |
| 8 | 5.125 | 8 | 3.843 | 8 | 2.562 | 8 | 1.922 |
| 9 | 5.765 | 9 | 4.324 | 9 | 2.882 | 9 | 2.162 |
| 10 | 6.406 | 10 | 4.804 | 10 | 3.203 | 10 | 2.402 |
| 11 | 7.047 | 11 | 5.284 | 11 | 3.523 | 11 | 2.643 |
| 12 | 7.687 | 12 | 5.765 | 12 | 3.844 | 12 | 2.883 |
| 13 | 8.328 | 13 | 6.245 | 13 | 4.164 | 13 | 3.123 |
| 14 | 8.968 | 14 | 6.725 | 14 | 4.484 | 14 | 3.363 |
| 15 | 9.601 | 15 | 7.206 | 15 | 4.804 | 15 | 3.603 |
| 16 | 10.250 | 16 | 7.680 | 16 | 5.125 | 16 | 3.844 |
| 17 | 10.890 | 17 | 8.167 | 17 | 5.446 | 17 | 4.084 |
| 18 | 11.531 | 18 | 8.647 | 18 | 5.765 | 18 | 4.324 |
| 19 | 12.171 | 19 | 9.127 | 19 | 6.086 | 19 | 4.564 |
| 20 | 12.812 | 20 | 9.608 | 20 | 6.406 | 20 | 4.805 |
| 21 | 13.453 | 21 | 10.088 | 21 | 6.726 | 21 | 5.045 |
| 22 | 14.093 | 22 | 10.569 | 22 | 7.047 | 22 | 5.285 |
| 23 | 14.734 | 23 | 11.040 | 23 | 7.367 | 23 | 5.525 |
| 24 | 15.374 | 24 | 11.529 | 24 | 7.687 | 24 | 5.766 |

MESURES DE CAPACITÉ.

| GRAINS. | | SEL. | | AVOINE. | | CHARBON. | |
|---|---|---|---|---|---|---|---|
| hect. | setiers. | hect. | setiers. | hect. | setiers. | hect. | setiers. |
| 25 | 16.015 | 25 | 12.010 | 25 | 8.008 | 25 | 6.006 |
| 26 | 16.656 | 26 | 12.490 | 26 | 8.328 | 26 | 6.246 |
| 27 | 17.296 | 27 | 12.971 | 27 | 8.648 | 27 | 6.486 |
| 28 | 17.937 | 28 | 13.451 | 28 | 8.968 | 28 | 6.726 |
| 29 | 18.577 | 29 | 13.931 | 29 | 9.289 | 29 | 6.967 |
| 30 | 19.218 | 30 | 14.412 | 30 | 9.609 | 30 | 7.207 |
| 31 | 19.859 | 31 | 14.892 | 31 | 9.929 | 31 | 7.447 |
| 32 | 20.499 | 32 | 15.372 | 32 | 10.250 | 32 | 7.687 |
| 33 | 21.140 | 33 | 15.853 | 33 | 10.570 | 33 | 7.928 |
| 34 | 21.780 | 34 | 16.333 | 34 | 10.890 | 34 | 8.168 |
| 35 | 22.421 | 35 | 16.814 | 35 | 11.210 | 35 | 8.408 |
| 36 | 23.062 | 36 | 17.294 | 36 | 11.531 | 36 | 8.648 |
| 37 | 23.702 | 37 | 17.774 | 37 | 11.851 | 37 | 8.889 |
| 38 | 24.343 | 38 | 18.255 | 38 | 12.171 | 38 | 9.129 |
| 39 | 24.983 | 39 | 18.735 | 39 | 12.491 | 39 | 9.369 |
| 40 | 25.624 | 40 | 19.216 | 40 | 12.812 | 40 | 9.609 |
| 41 | 26.265 | 41 | 19.696 | 41 | 13.132 | 41 | 9.849 |
| 42 | 26.905 | 42 | 20.176 | 42 | 13.453 | 42 | 10.090 |
| 43 | 27.546 | 43 | 20.657 | 43 | 13.773 | 43 | 10.330 |
| 44 | 28.186 | 44 | 21.137 | 44 | 14.093 | 44 | 10.570 |
| 45 | 28.827 | 45 | 21.618 | 45 | 14.414 | 45 | 10.810 |
| 46 | 29.468 | 46 | 22.098 | 46 | 14.734 | 46 | 11.051 |
| 47 | 30.108 | 47 | 22.578 | 47 | 15.054 | 47 | 11.291 |
| 48 | 30.749 | 48 | 23.059 | 48 | 15.374 | 48 | 11.531 |
| 49 | 31.389 | 49 | 23.539 | 49 | 15.695 | 49 | 11.771 |
| 50 | 32.030 | 50 | 24.020 | 50 | 16.015 | 50 | 12.012 |
| 100 | 64.060 | 100 | 48.039 | 100 | 32.030 | 100 | 24.023 |

# MESURES DE SOLIDITÉ.

## RÉDUCTION DES ANCIENNES LIGNES, POUCES, PIEDS ET TOISES CUBES, EN MÈTRES ET PARTIES DE MÈTRE CUBE.

### 1° ANCIENNES LIGNES CUBES EN MILLIMÈTRES CUBES.

Il faut 1728 lignes cubes pour un pouce cube.

| lignes. cubes. | millim. cubes. | lignes. cubes. | millim. cubes. | lignes. cubes. | millim. cubes. |
|---|---|---|---|---|---|
| 1 | 11.479 | 9 | 103.314 | 45 | 516.572 |
| 2 | 22.959 | 10 | 114.794 | 50 | 573.969 |
| 3 | 34.438 | 15 | 172.191 | 55 | 631.366 |
| 4 | 45.918 | 20 | 229.588 | 60 | 688.763 |
| 5 | 57.397 | 25 | 286.985 | 65 | 746.160 |
| 6 | 68.876 | 30 | 344.381 | 70 | 803.557 |
| 7 | 80.356 | 35 | 401.778 | 75 | 860.954 |
| 8 | 91.835 | 40 | 459.175 | 80 | 918.350 |

| lignes. cubes. | millim. cubes. | lignes. cubes. | millim. cubes. | lignes. cubes. | millim. cubes. |
|---|---|---|---|---|---|
| 85 | 975.747 | 400 | 4591.753 | 850 | 9757.476 |
| 90 | 1033.144 | 450 | 5165.723 | 900 | 10331.445 |
| 95 | 1090.541 | 500 | 5739.692 | 950 | 10905.414 |
| 100 | 1147.938 | 550 | 6313.661 | 1000 | 11479.383 |
| 150 | 1721.191 | 600 | 6887.630 | 1200 | 13775.260 |
| 200 | 2295.877 | 650 | 7461.599 | 1400 | 16071.137 |
| 250 | 2869.846 | 700 | 8035.568 | 1600 | 18367.013 |
| 300 | 3443.815 | 750 | 8609.538 | 1700 | 19514.951 |
| 350 | 4017.784 | 800 | 9183.507 | 1728 | 19836.374 |

## 2º ANCIENS POUCES CUBES EN CENTIMÈTRES CUBES.

---

Il faut 1728 pouces cubes pour un pied cube.

| pouces. cubes. | centimèt. cubes. | pouces. cubes. | centimèt. cubes. | pouces. cubes. | centimèt. cubes. |
|---|---|---|---|---|---|
| 1 | 19.836 | 50 | 991.819 | 450 | 8926.369 |
| 2 | 39.673 | 55 | 1091.001 | 500 | 9918.187 |
| 3 | 59.509 | 60 | 1190.182 | 550 | 10910.006 |
| 4 | 79.345 | 65 | 1289.364 | 600 | 11901.825 |
| 5 | 99.182 | 70 | 1388.546 | 650 | 12893.043 |
| 6 | 119.018 | 75 | 1487.728 | 700 | 13885.462 |
| 7 | 138.855 | 80 | 1586.910 | 750 | 14877.281 |
| 8 | 158.691 | 85 | 1686.092 | 800 | 15869.100 |
| 9 | 178.527 | 90 | 1785.274 | 850 | 16860.918 |
| 10 | 198.364 | 95 | 1884.456 | 900 | 17852.737 |
| 15 | 297.546 | 100 | 1983.637 | 950 | 18864.456 |
| 20 | 396.727 | 150 | 2975.452 | 1000 | 19836.375 |
| 25 | 495.909 | 200 | 3967.275 | 1200 | 23803.650 |
| 30 | 595.091 | 250 | 4959.094 | 1400 | 27770.925 |
| 35 | 694.273 | 300 | 5950.912 | 1600 | 31738.200 |
| 40 | 793.455 | 350 | 6942.731 | 1700 | 34721.837 |
| 45 | 892.637 | 400 | 7934.550 | 1728 | 34277.255 |

# 3° ANCIENS PIEDS CUBES EN DECIMÈTRES CUBES.

---

Il faut 216 pieds cubes pour une toise cube.

| pieds. cubes. | décimèt. cubes. | pieds. cubes. | décimèt. cubes. | pieds. cubes. | décimèt. cubes. |
|---|---|---|---|---|---|
| 1 | 34.277 | 19 | 651.268 | 85 | 2913.567 |
| 2 | 68.555 | 20 | 685.545 | 90 | 3084.953 |
| 3 | 102.832 | 21 | 719.822 | 95 | 3256.339 |
| 4 | 137.109 | 22 | 754.100 | 100 | 3427.726 |
| 5 | 171.386 | 23 | 758.377 | 110 | 3770.498 |
| 6 | 205.664 | 24 | 822.654 | 120 | 4113.271 |
| 7 | 239.941 | 25 | 856.931 | 130 | 4456.043 |
| 8 | 274.218 | 30 | 1028.318 | 140 | 4798.816 |
| 9 | 308.495 | 35 | 1190.704 | 150 | 5141.588 |
| 10 | 342.773 | 40 | 1371.090 | 160 | 5484.361 |
| 11 | 377.050 | 45 | 1542.476 | 170 | 5827.133 |
| 12 | 411.327 | 50 | 1713.863 | 180 | 6169.906 |
| 13 | 445.604 | 55 | 1885.249 | 190 | 6512.678 |
| 14 | 479.882 | 60 | 2056.635 | 200 | 6855.451 |
| 15 | 514.159 | 65 | 2228.022 | 210 | 7198.224 |
| 16 | 548.436 | 70 | 2399.408 | 216 | 7403.887 |
| 17 | 582.713 | 75 | 2570.794 | | |
| 18 | 616.991 | 80 | 2742.180 | | |

## 4° ANCIENNES TOISES CUBES EN MÈTRES CUBES.

——

| toises. cubes. | mètres. cubes. | toises. cubes. | mètres. cubes. | toises. cubes. | mètres. cubes. |
|---|---|---|---|---|---|
| 1 | 7.404 | 24 | 177.693 | 47 | 347.983 |
| 2 | 14.808 | 25 | 185.097 | 48 | 355.387 |
| 3 | 22.212 | 26 | 192.501 | 49 | 362.790 |
| 4 | 29.616 | 27 | 199.905 | 50 | 370.194 |
| 5 | 37.019 | 28 | 207.309 | 55 | 407.214 |
| 6 | 44.423 | 29 | 214.713 | 60 | 444.233 |
| 7 | 51.827 | 30 | 222.117 | 65 | 481.253 |
| 8 | 59.231 | 31 | 229.520 | 70 | 518.272 |
| 9 | 66.635 | 32 | 236.924 | 75 | 555.292 |
| 10 | 74.039 | 33 | 244.328 | 80 | 592.311 |
| 11 | 81.443 | 34 | 251.732 | 85 | 629.330 |
| 12 | 88.847 | 35 | 259.136 | 90 | 666.355 |
| 13 | 96.251 | 36 | 266.540 | 95 | 703.369 |
| 14 | 103.654 | 37 | 273.944 | 100 | 740.389 |
| 15 | 111.058 | 38 | 281.348 | 150 | 1110.583 |
| 16 | 118.462 | 39 | 288.752 | 200 | 1480.777 |
| 17 | 125.866 | 40 | 296.155 | 250 | 1850.972 |
| 18 | 133.270 | 41 | 303.559 | 300 | 2221.166 |
| 19 | 140.674 | 42 | 310.963 | 350 | 2591.360 |
| 20 | 148.078 | 43 | 318.367 | 400 | 2961.555 |
| 21 | 155.482 | 44 | 325.771 | 450 | 3331.749 |
| 22 | 162.886 | 45 | 333.175 | 500 | 3701.944 |
| 23 | 170.289 | 46 | 340.579 | | |

# RÉDUCTION DES MÈTRES ET PARTIES DE MÈTRES CUBES, EN ANCIENNES LIGNES, POUCES, PIEDS ET TOISES CUBES.

## 1° MILLIMÈTRES CUBES EN ANCIENNES LIGNES CUBES.

Il faut 1000 millimètres cubes pour un centimètre cube.

| millim. cubes. | lignes cubes. | millim. cubes. | lignes cubes. | millim. cubes | lignes cubes. |
|---|---|---|---|---|---|
| 1 | » 0871 | 30 | 2 6134 | 95 | 8 2757 |
| 2 | » 1742 | 35 | 3 0489 | 100 | 8 7113 |
| 3 | » 2613 | 40 | 3 4845 | 200 | 17 4225 |
| 4 | » 3485 | 45 | 3 9201 | 300 | 26 1338 |
| 5 | » 4356 | 50 | 4 3556 | 400 | 34 8451 |
| 6 | » 5227 | 55 | 4 7912 | 500 | 43 5563 |
| 7 | » 6098 | 60 | 5 2268 | 600 | 52 2676 |
| 8 | » 6969 | 65 | 5 6623 | 700 | 60 9789 |
| 9 | » 7840 | 70 | 6 0979 | 800 | 69 6902 |
| 10 | » 8711 | 75 | 6 5335 | 900 | 78 4014 |
| 15 | 1 3067 | 80 | 6 9690 | 1000 | 87 1127 |
| 20 | 1 7423 | 85 | 7 4046 | | |
| 25 | 2 1778 | 90 | 7 8401 | | |

## 2º CENTIMÈTRES CUBES EN ANCIENS POUCES CUBES.

—

1000 centimètres cubes, font un décimètre cube.

| centim. cubes. | pouces cubes. | centim. cubes. | pouces cubes. | centim. cubes. | pouces cubes. |
|---|---|---|---|---|---|
| 1 | » 0504 | 30 | 1 5124 | 95 | 4 7892 |
| 2 | » 1008 | 35 | 1 7644 | 100 | 5 0412 |
| 3 | » 1512 | 40 | 2 0165 | 200 | 10 0825 |
| 4 | » 2016 | 45 | 2 2686 | 300 | 15 1237 |
| 5 | » 2521 | 50 | 2 5206 | 400 | 20 1650 |
| 6 | » 3025 | 55 | 2 7727 | 500 | 25 2062 |
| 7 | » 3529 | 60 | 3 0247 | 600 | 30 2475 |
| 8 | » 4033 | 65 | 3 2768 | 700 | 35 2887 |
| 9 | » 4537 | 70 | 3 5289 | 800 | 40 3299 |
| 10 | » 5041 | 75 | 3 7809 | 900 | 45 3712 |
| 15 | » 7562 | 80 | 4 0330 | 1000 | 50 4124 |
| 20 | 1 0082 | 85 | 4 2851 | | |
| 25 | 1 2603 | 90 | 4 5371 | | |

# 3º DÉCIMÈTRES CUBES EN ANCIENS PIEDS CUBES.

Il faut 1000 décimètres cubes pour un metre cube.

| décim. cubes. | pieds cubes. | décim. cubes. | pieds cubes. | décim. cubes. | pieds cubes. |
|---|---|---|---|---|---|
| 1 | » 0292 | 30 | » 8752 | 95 | 2 7715 |
| 2 | » 0583 | 35 | 1 0210 | 100 | 2 9174 |
| 3 | » 0875 | 40 | 1 1670 | 200 | 5 8348 |
| 4 | » 1167 | 45 | 1 3128 | 300 | 8 7522 |
| 5 | » 1459 | 50 | 1 4587 | 400 | 11 6695 |
| 6 | » 1750 | 55 | 1 6046 | 500 | 14 5869 |
| 7 | » 2042 | 60 | 1 7504 | 600 | 17 5343 |
| 8 | » 2334 | 65 | 1 8963 | 700 | 20 4217 |
| 9 | » 2626 | 70 | 2 0422 | 800 | 23 3391 |
| 10 | » 2917 | 75 | 2 1880 | 900 | 26 2565 |
| 15 | » 4376 | 80 | 2 3339 | 1000 | 29 1739 |
| 20 | » 5835 | 85 | 2 4798 | | |
| 25 | » 7293 | 90 | 2 6256 | | |

## 4º MÈTRES CUBES EN ANCIENNES TOISES CUBES.

———

| mètres cubes. | toises cubes. | mètres cubes. | toises cubes. | mètres cubes. | toises cubes. |
|---|---|---|---|---|---|
| 1 | » .1351 | 24 | 3 .2415 | 47 | 6 .3480 |
| 2 | » .2701 | 25 | 3 .3766 | 48 | 6 .4831 |
| 3 | » .4052 | 26 | 3 .5117 | 49 | 6 .6181 |
| 4 | » .5403 | 27 | 3 .6467 | 50 | 6 .7532 |
| 5 | » .6750 | 28 | 3 .7818 | 55 | 7 .4285 |
| 6 | » .8104 | 29 | 3 .9169 | 60 | 8 .1038 |
| 7 | » .9454 | 30 | 4 .0519 | 65 | 8 .7791 |
| 8 | 1 .0805 | 31 | 4 .1870 | 70 | 9 .4545 |
| 9 | 1 .2156 | 31 | 4 .3220 | 75 | 10 .1298 |
| 10 | 1 .3506 | 33 | 4 .4571 | 80 | 10 .8051 |
| 11 | 1 .4857 | 34 | 4 .5922 | 85 | 11 .4804 |
| 12 | 1 .6208 | 35 | 4 .7272 | 90 | 12 .1558 |
| 13 | 1 .7558 | 36 | 4 .8623 | 95 | 12 .8311 |
| 14 | 1 .8909 | 37 | 4 .9974 | 100 | 13 .5064 |
| 15 | 2 .0260 | 38 | 5 .1324 | 150 | 20 .2596 |
| 16 | 2 .1610 | 39 | 5 .2675 | 200 | 27 .0128 |
| 17 | 2 .2961 | 40 | 5 .4026 | 250 | 33 .7660 |
| 18 | 2 .4312 | 41 | 5 .5376 | 300 | 40 .5192 |
| 19 | 2 .5662 | 42 | 5 .6727 | 350 | 47 .2724 |
| 20 | 2 .7013 | 43 | 5 .8078 | 400 | 54 .0256 |
| 21 | 2 .8363 | 44 | 5 .9428 | 450 | 60 .7789 |
| 22 | 2 .9714 | 45 | 6 .0779 | 500 | 67 .5321 |
| 23 | 3 .1065 | 46 | 6 .2129 | | |

# BOIS DE CHAUFFAGE.

**1° RÉDUCTION DES VOIES DE PARIS, CORDES DES EAUX ET FORÊTS OU D'ORDONNANCE ; DES CORDES DE GRAND BOIS ET DES CORDES DE PORT EN STÈRES.**

La voie de Paris contenait 4 anciens pieds de couche et 4 de hauteur. La bûche avait 3 pieds 6 pouces de longueur.

La corde des eaux et forêts contenait 8 anciens pieds de couche et 4 de hauteur, la bûche ayant 3 pieds 6 pouces de longueur.

La corde de grand bois contenait 8 anciens pieds de couche et 4 pieds de hauteur, la bûche ayant 4 pieds de longueur.

La corde dite de bois contenait 8 anciens pieds de couche et 5 de hauteur, la bûche ayant 3 pieds 6 pouces de longueur.

| VOIES DE PARIS. | | CORDES DES EAUX ET FORÊTS | | CORDES DE GRAND BOIS. | | CORDES DE PORT. | |
|---|---|---|---|---|---|---|---|
| voies. | stères. | cordes. | stères. | cordes. | stères. | cordes. | stères. |
| 1 | 1.920 | 1 | 3.839 | 1 | 4.387 | 1 | 4.799 |
| 2 | 3.839 | 2 | 7.678 | 2 | 8.775 | 2 | 9.598 |
| 3 | 5.759 | 3 | 11.517 | 3 | 13.162 | 3 | 14.396 |
| 4 | 7.678 | 4 | 15.356 | 4 | 17.550 | 4 | 19.195 |
| 5 | 9.598 | 5 | 19.195 | 5 | 21.937 | 5 | 23.994 |
| 6 | 11.517 | 6 | 23.034 | 6 | 26.325 | 6 | 28.793 |
| 7 | 13.437 | 7 | 26.873 | 7 | 30.712 | 7 | 33.592 |
| 8 | 15.356 | 8 | 30.712 | 8 | 35.100 | 8 | 38.390 |
| 9 | 17.276 | 9 | 34.551 | 9 | 39.487 | 9 | 43.189 |
| 10 | 19.195 | 10 | 38.391 | 10 | 43.875 | 10 | 47.988 |
| 15 | 28.793 | 15 | 57.586 | 15 | 65.812 | 15 | 71.982 |
| 20 | 38.391 | 20 | 76.781 | 20 | 87.750 | 20 | 95.976 |
| 25 | 47.988 | 25 | 95.976 | 25 | 109.687 | 25 | 119.970 |
| 30 | 57.586 | 30 | 115.172 | 30 | 131.625 | 30 | 143.964 |
| 35 | 65.183 | 35 | 134.367 | 35 | 153.562 | 35 | 167.958 |
| 40 | 76.781 | 40 | 153.562 | 40 | 175.499 | 40 | 191.953 |
| 45 | 86.379 | 45 | 172.757 | 45 | 197.437 | 45 | 215.947 |
| 50 | 95.976 | 50 | 191.953 | 50 | 219.374 | 50 | 239.941 |
| 55 | 105.574 | 55 | 211.148 | 55 | 241.312 | 55 | 263.935 |
| 60 | 115.172 | 60 | 230.343 | 60 | 263.240 | 60 | 287.929 |
| 65 | 124.769 | 65 | 249.538 | 65 | 285.187 | 65 | 311.923 |
| 70 | 134.367 | 70 | 268.734 | 70 | 307.124 | 70 | 335.917 |
| 75 | 143.964 | 75 | 287.929 | 75 | 529.062 | 75 | 359.911 |
| 80 | 153.562 | 80 | 307.124 | 80 | 350.999 | 80 | 383.905 |
| 85 | 163.160 | 85 | 326.319 | 85 | 372.936 | 85 | 407.899 |
| 90 | 172.757 | 90 | 345.515 | 90 | 394.874 | 90 | 431.893 |
| 95 | 182.355 | 95 | 364.710 | 95 | 416.811 | 95 | 455.887 |
| 100 | 191.953 | 100 | 383.905 | 100 | 438.749 | 100 | 479.881 |

## 2° RÉDUCTION DU STÈRE EN VOIES DE PARIS, CORDES DES EAUX ET FORÊTS OU D'ORDONNANCES; CORDES DE GRAND BOIS ET CORDES DE PORT.

| VOIES DE PARIS. | | CORDES DES EAUX ET FORÊTS | | CORDES DE GRAND BOIS. | | CORDES DE PORT. | |
|---|---|---|---|---|---|---|---|
| stères. | voies. | stères | cordes. | stères. | cordes. | stères. | cordes. |
| 1 | ».521 | 1 | ».260 | 1 | ».228 | 1 | ».208 |
| 2 | 1.042 | 2 | ».521 | 2 | ».456 | 2 | ».417 |
| 3 | 1.563 | 3 | ».781 | 3 | ».684 | 3 | ».625 |
| 4 | 2·084 | 4 | 1.042 | 4 | ».912 | 4 | ».834 |
| 5 | 2.605 | 5 | 1.302 | 5 | 1.140 | 5 | 1.042 |
| 6 | 3.126 | 6 | 1·563 | 6 | 1.368 | 6 | 1.250 |
| 7 | 3.647 | 7 | 1.823 | 7 | 1.595 | 7 | 1.459 |
| 8 | 4.168 | 8 | 2.084 | 8 | 1.823 | 8 | 1.667 |
| 9 | 4.689 | 9 | 2.344 | 9 | 2.051 | 9 | 1.875 |
| 10 | 5.210 | 10 | 2.605 | 10 | 2.279 | 10 | 2.084 |
| 15 | 7.814 | 15 | 3.907 | 15 | 3.419 | 15 | 3.126 |
| 20 | 10.419 | 20 | 5.210 | 20 | 4,558 | 20 | 4.168 |
| 25 | 13.024 | 25 | 6.512 | 25 | 5.698 | 25 | 5.210 |
| 30 | 15.629 | 30 | 7.814 | 30 | 6.838 | 30 | 6.251 |
| 35 | 18.234 | 35 | 9.117 | 35 | 7.977 | 35 | 7.293 |
| 40 | 20.838 | 40 | 10.419 | 40 | 9.117 | 40 | 8.335 |
| 45 | 23.443 | 45 | 11.722 | 45 | 10.256 | 45 | 9.377 |
| 50 | 26.048 | 50 | 13.024 | 50 | 11,396 | 50 | 10.419 |
| 55 | 28.653 | 55 | 14.326 | 55 | 12.536 | 55 | 11.461 |
| 60 | 31.258 | 60 | 15.629 | 60 | 13.675 | 60 | 12.503 |
| 65 | 33.863 | 65 | 16.931 | 65 | 14.815 | 65 | 13.545 |
| 70 | 36.467 | 70 | 18.234 | 70 | 15.954 | 70 | 14.587 |
| 75 | 39.072 | 75 | 19.536 | 75 | 17.094 | 75 | 15.156 |
| 80 | 41.677 | 80 | 20.838 | 80 | 18.234 | 80 | 16.671 |
| 85 | 44.282 | 85 | 22.141 | 85 | 19.373 | 85 | 17.713 |
| 90 | 46.887 | 90 | 23.443 | 90 | 20.513 | 90 | 18.754 |
| 95 | 49.491 | 95 | 24.746 | 95 | 21.652 | 95 | 19.796 |
| 100 | 52.096 | 100 | 26.048 | 100 | 22.792 | 100 | 20.838 |

# MONNAIES.

Il est inutile de donner des tableaux de la réduction des francs en livres, sols et deniers. Depuis long-temps l'usage des francs et centimes est généralement reconnu, et il est très-peu de personnes qui comptent d'après les anciennes dénominations.

Mais pour rentrer dans notre spécialité, nous devons faire remarquer le rapport des espèces monnayées avec les nouveaux poids.

| | |
|---|---|
| 1 Pièce de billon de 10 cent. pèse | 2 grammes. |
| 1 idem. de cuivre de 5 cent. | 10 idem. |
| 1/4 de franc, argent. | 1 id. 1/4 |
| 1/2 franc idem. | 2 id. 1/2 |
| 1 franc. idem. | 5 id. |
| 2 francs. idem. | 10 id. |
| 5 francs. idem. | 25 id. |

34 pièces de 20 et 11 de 40, mises l'une à côté de l'autre sur une surface plane donnent un mètre.

| | |
|---|---|
| 32 pièces de 40 et 8 de 20. | idem. |
| 20 idem. de 2 et 20 de 1. | idem. |
| 7 décimes et 29 pièces de 5 centim. | idem. |

# POIDS DES MONNAIES D'APRÈS LES VALEURS.

| SOMMES. | DE CUIVRE | DE BILLON | D'ARGENT. |
|---|---|---|---|
| francs | Kil. | Kil. | Kil. |
| 100 | 20 | 2 | » 1/2 |
| 200 | 40 | 4 | 1 |
| 300 | 60 | 6 | 1 1/2 |
| 400 | 80 | 8 | 2 |
| 500 | 100 | 10 | 2 1/2 |
| 600 | 120 | 12 | 3 |
| 700 | 140 | 14 | 3 1/2 |
| 800 | 160 | 16 | 4 |
| 900 | 180 | 18 | 4 1/2 |
| 1000 | 200 | 20 | 5 |

# VALEUR DES MONNAIES D'APRÈS LE POIDS.

| POIDS. | VALEUR EN CUIVRE. | VALEUR EN BILLON. | VALEUR EN ARGENT. | VALEUR EN OR. |
|---|---|---|---|---|
| Kil. | francs. | francs. | francs. | francs. |
| 1 | 5 | 50 | 200 | 3100 |
| 2 | 10 | 100 | 400 | 6200 |
| 3 | 15 | 150 | 600 | 9300 |
| 4 | 20 | 200 | 800 | 12400 |
| 5 | 25 | 250 | 1000 | 15500 |
| 6 | 30 | 300 | 1200 | 18600 |
| 7 | 35 | 350 | 1400 | 21700 |
| 8 | 40 | 400 | 1600 | 24800 |
| 9 | 45 | 450 | 1800 | 27900 |
| 10 | 50 | 500 | 2000 | 31000 |
| 20 | 100 | 1000 | 4000 | 62000 |
| 30 | 150 | 1500 | 6000 | 93000 |
| 40 | 200 | 2000 | 8000 | 124000 |
| 50 | 250 | 2500 | 10000 | 155000 |
| 100 | 500 | 5000 | 20000 | 310000 |

FIN.

# TABLE DES MATIÈRES.

LIMOGES ET ISLE,
IMP. DE MARTIAL ARDANT FRÈRES.